河合 敦

幕末・明治 偉人たちの「定年後」

扶桑社文庫
796

はじめに

日本は世界一の高齢化社会であり、今後は六十五歳以上の人口が爆発的に増えていく。しかもたいへんな長寿国なので、定年退職してからも二十年以上生きる人が大半になるだろう。

隠居して暮らすには、あまりにも長すぎる時間だ。でも楽隠居できる人は、まだ幸せである。そもそも年金が減り続けるなか、隠居する余裕などなく、同じ職場で嘱託やパートとして働く方も多いはず。

ただ、私があえて提案したいのは、定年後にまったく別の、もう一つの人生を歩むことである。二十年という月日があれば、人間はどんなものにだってなれると思うからだ。わずか五十年前には考えられなかった可能性が、みなさんの定年後に広がっているのだ。

私は五十歳のとき、二十七年間続けてきた高校の教員を思い切って退職した。人より十年早く、作家としての第二の人生を始めようと決意したのである。成功する自信はなかったが、たった一度の人生なので、まったく別の生き方をしてみたいと思ったのだ。

ただ、想定していた作家生活とは大きく異なり、独立してみたら、講演会やテレビ出演の依頼が殺到するようになった。いま私は、毎日のように全国を駆け回って歴史の話を多くの人々に伝えている。また、ドラマや映画の時代考証もつとめるようになった。教師時代には到底考えられないことであり、とても充実した毎日を送っている。

そんな自分の経験から、有名な歴史人物のうち第二の人生を調べてみようと思い立った。こうして完成したのが本書である。

郵便制度を創設した前島密は、教育者に転身したのち、再び晩年に官界に戻って電話事業の基礎をつくった。自由民権運動の英雄・板垣退助と大実業家の渋沢栄一は、功成り名を遂げた後、社会福祉事業に全身全霊を注ぎ込んだ。

もちろん栄達した後、死ぬまで権力を手放さなかった人もいる。二度も総理になった山県有朋やバルチック艦隊を撃破した東郷平八郎だ。逆に高橋泥舟は、あえて栄達を棄てる第二の人生を選んだ。

このように本書ではユニークな生き方をした偉人たちを厳選して取り上げた。彼らが晩年、どのように人生を仕上げていったかを知り、是非とも定年後の参考にしていただきたいと思う。

「まだまだ自分には、新しい才能を開花させる時間が十分に残されているのだ」

そんなふうに実感していただければ、著者としてこれに過ぎる喜びはない。

二〇二三年六月

河合　敦

目次◉**幕末・明治 偉人たちの「定年後」**

第2章 生涯現役を貫いた人びと

第3章

波乱万丈転変の人生

幕末・明治 偉人たちの「定年後」

第1章

維新の英傑の長い老後

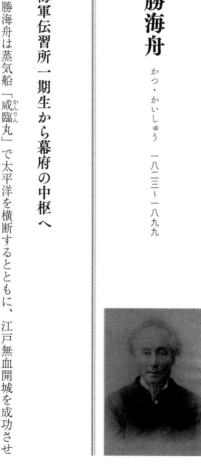

勝海舟

かつ・かいしゅう　一八二三～一八九九

海軍伝習所一期生から幕府の中枢へ

勝海舟は蒸気船「咸臨丸《かんりんまる》」で太平洋を横断するとともに、江戸無血開城を成功させたことでもよく知られている。

ただ、勝家は代々の幕臣だが、海舟の父・小吉は養子である。もともと海舟の先祖は幕臣ではなく、越後国《えちごのくに》小千谷《おぢや》（現在の新潟県小千谷市）の農民だった。曾祖父が越後から江戸にやってきたが、目が不自由だったので按摩《あんま》として生計を立て、ためた金を人に貸して財をなし、ついに盲人として最高の検校《けんぎょう》職にのぼり、旗本・男谷《おたに》家の株（武士の権利）を買って息子の平蔵を当主としたのである。この平蔵の三男が海舟の父・小吉であり、よほど金があったのか、男谷家では勝家という旗本株を買って小吉を当主にしてやったのだ。

だが、小吉は家出や喧嘩、女遊びを繰り返し、あまりの行状のひどさに、海舟が生まれる頃は男谷家によって座敷牢に閉じこめられていた。しかも小吉は生涯幕府の役職につけず、近隣の顔役として揉め事の仲裁や世話役などをして生涯を終えた。そのため勝家はたいへん貧しく、正月に食べる餅も親類から恵んでもらわなくてはならない有様だった。

そんな境遇に育った海舟だが、若い頃は剣術に熱中し、免許皆伝を得ている。やがて蘭学を永井青崖《せいがい》に学んで嘉永三（一八五〇）年に二十七歳で蘭学塾を開いた。とにかく困窮していたので、蘭和辞書五十八巻を二部書写して、一部を売って金に換えたというエピソードも残る。この頃、海舟の勉強ぶりに感激した豪商の渋田利右衛門は、研究費として無償で二百両を提供している。

海舟はペリーが来航すると幕府に海防意見書を提出したが、こうした言動が目付海防掛《がかり》の大久保忠寛（一翁）の目にとまって下田取締掛手付に採用され、のち長崎海軍伝習所の一期生として長崎に派遣され、蒸気船の操縦技術を習得したのである。

万延元(一八六〇)年、日米修好通商条約を批准するため幕府の使節団が渡米する。この際、海舟が咸臨丸の指揮官となり日本人として初めて太平洋を横断したのは先述したとおりである。帰国後は、軍艦操練所頭取、軍艦奉行並と昇進していき、重臣として将軍・徳川家茂や幕府の実力者と親しく交わるようになった。元治元(一八六四)年には神戸海軍操練所を開設し、そこで後進の育成にあたった。操練所には幕臣だけでなく、諸藩の士や坂本龍馬のように浪人もいた。それから一時失脚するが、第二次長州征討が幕府方の敗北に終わると、停戦交渉をまかされた。

慶応三(一八六七)年十月、将軍・慶喜は政権を朝廷に返還(大政奉還)し、形式的に江戸幕府は消滅した。十二月、薩長倒幕派が中心となって朝廷でクーデターを起こし、王政復古の大号令が出されて新政府が樹立される。その夜の小御所《こごしょ》会議で、慶喜に対する辞官納地(内大臣の免官と徳川領の一部返上)が決定された。慶喜は反発せずに京都の二条城から大坂城へ撤退する。

だが、薩摩藩が浪人を雇って江戸の治安を乱したので、佐幕方の兵や幕臣によって薩摩藩邸が焼き討ちされた。これを知った大坂城の兵は気勢を上げ、彼らを抑え切れなくなった慶喜は、慶応四(一八六八)年一月、新政府から薩摩勢力を駆逐すべく京都への進撃を許した。

ところが旧幕府軍は、鳥羽口と伏見口で新政府軍（薩長軍）に敗れ（鳥羽・伏見の戦い）、慶喜は大坂城から敵前逃亡して江戸に戻った。これを追うかたちで新政府軍が江戸へ派遣される。その実質的なリーダーは西郷隆盛であった。

西郷隆盛との交渉にかけた徳川復活の夢

このとき慶喜は恭順の姿勢を見せて上野寛永寺で謹慎、交渉の全権を勝海舟に与えたのである。新政府軍は、三月十五日に江戸総攻撃を予定していたが、海舟は十三日、十四日に西郷と会見し、江戸城を無血開城する代償として慶喜の助命と江戸総攻撃の中止を求めた。

海舟は『氷川清話』（江藤淳・松浦玲編　講談社学術文庫）で次のように回想している。

「さて、いよ〳〵談判になると、西郷は、おれのいふ事を一々信用してくれ、その間一点の疑念も挟まなかつた。『いろ〳〵むつかしい議論もありませうが、私が一身にかけて御引受けします』西郷のこの一言で、江戸百万の生霊も、その生命と財産とを保つことが出来、また徳川氏もその滅亡を免れたのだ。もしこれが他人であつたら、いや貴様のいふ事は、自家撞着《じかどうちゃく》だとか、言行不一致だとか、沢山の兇徒があの通り処々に屯集《とんしゅう》して居るのに、恭順の実はどこにあるかとか、いろ〳〵喧《やかま》しく責め立てるに違ひない。万一さうなると、談判は忽《たちま》ち破裂だ。しかし西郷はそんな野暮《やぼ》はいはない。その大局を達観して、しかも果断に富んで居たには、おれも感心した」

このように、西郷の英断と度量の大きさを絶賛している。

海舟の依願を受け入れた西郷は、ただちに京都へ戻って政府高官に進言、結果、新政府は正式に慶喜の死一等を減ずること、江戸城への攻撃を中止することを決定した。なお、慶喜は水戸で謹慎させ、徳川家は存続させることになった。ただ、江戸城は尾張藩に預けることとし、四月十一日までに江戸城と武器・艦船を引き渡すことが命じられた。

こうして江戸開城が済むと、西郷は四月二十九日に上洛するが、そのおり海舟は、江戸の治安維持を西郷から委任されたのである。ただ、この時期、北関東では旧幕府の脱走兵が乱を起こし、上野の山には彰義隊が集まって不穏な動きを見せていた。だから、ほとほとその取り締まりには苦労した。が、海舟のスゴさは、この状況を巧みに利用しようとしたことだろう。

閏《うるう》四月四日、海舟は江戸の大総督府（新政府東征軍の最高司令部）にあてて「とても私のような者では、江戸の治安を維持することはできません。なにとぞ近いうちに、水戸で謹慎している旧主・徳川慶喜を呼び戻していただきたい。そうすれば、旧主の徳によって江戸の治安は回復されるでしょう」という嘆願書を出したのだ。

じつは新政府に明け渡した江戸城だが、徳川家の家臣たちが新政府に積極的に味方した尾張藩にゆだねるのは嫌だと駄々をこねたため、そのまま新政府の東征軍が居座ってしまい、さらに先月四月二十一日には、大総督府のトップである有栖川宮熾仁親王が江戸にきて、江戸城に入ったのである。

このままでは江戸城は、新政府の拠点になってしまう。だがもし、慶喜を水戸から呼び返すことができたら、江戸の治安も回復するし、江戸城も取り戻せる。海舟はそう考えたのである。

けれど新政府は、関東の乱れは西郷隆盛の徳川に対する甘い処分に原因があると考え、公家の三条実美を関東監察使という新たな職に任じ、江戸へ戻る西郷とともに東下させた。関東監察使は、大総督府とは別個の大きな権限を持つ役職である。つまり西郷は、事実上、最高責任者の地位から転落したといってよい。閏四月二十三日、三条と西郷は江戸に到着する。

すでに江戸にいた軍防事務局判事の大村益次郎（長州藩出身）も、西郷の甘さを強く批判していた。とくに西郷率いる大総督府が上野の彰義隊を放置しておくことが不満でならなかった。彰義隊は、寛永寺で謹慎する慶喜を警固するために生まれたが、慶喜が水戸へ去った後も急速に人数を増やしており、三千人を超えようとしていた。新政府の進駐軍にとっては大きな脅威であり、実際、真剣に江戸から撤退すべきか否かについて話し合うほど窮地に立たされていた。

そこで大村は断固、彰義隊を叩くべきだと主張したのである。彼は長州征討のとき、長州軍の最高司令官として作戦を立案・指揮、幕府の大軍を退けた名将であった。権限を縮小されたこともあり、最終的に西郷は、大村の要求を認めた。

これより前、海舟はあやうく命を落としそうになっている。慶応四（一八六八）年四月末、馬に乗って江戸城半蔵門あたりを通り過ぎようとしたとき、突然、新政府軍の兵士数人に小銃で狙撃されたのである。

「旧幕府勢力を陰で操って、江戸や関東を乱しているのは勝海舟だ」

そう疑う新政府軍の兵士もおり、こうした者たちが暗殺を企てたのだろう。幸い、弾丸は海舟の体に当たらなかった。ただ、銃声に驚いて馬が後ろ足で立ち上がったため、海舟は仰向け様に落馬し、路上の石にしたたか後頭部を打ちつけて気を失った。刺客は海舟が動かないのを弾が当たって死んだと勘違いし、そのまま立ち去ったらしく、海舟が意識を取り戻したときには誰もおらず、馬が呑気に草をはんでいたという。

その後、海舟は大総督府や三条実美に宛てて「徳川四百万石を一切削ることなく、そのまま残していただきたい」と強く請願した。だが、実質的に西郷は失脚してしまっており、そんな虫の良い話が新政府側に通じるわけもない。それからまもなくの五月十五日、大村益次郎の指揮によって上野の山へ新政府軍が猛攻を仕掛け、わずか一日で彰義隊は瓦解した。これによって江戸の治安はたちまち回復し、海舟の徳川復活の夢も崩れ去った。

新政府からの出仕の要請を受ける

結局、田安家達《いえさと》が徳川十六代目を継承するが、石高はわずか七十万石に減らされ、さらに静岡へと移封となってしまった。これは海舟にとって大きな誤算であった。

海舟は江戸で徳川家の後始末を終えると、十月に屋敷をたたんで静岡へ赴くが、新政府に仕えるのを潔しとしない一万二千人もの旧幕臣が静岡に付いてきてしまった。これは予想外の数の多さだった。とうてい七十万石では家臣全員を養えない。

そこで、徳川家（静岡藩）の幹事役となった海舟はたびたび江戸へ行き、大久保利通を仲介として新政府に徳川への配慮を願い、当主が不在となった清水家（御三卿の一つ）十一万石を新たに徳川宗家に下賜《かし》してもらうことができた。

それでも家臣たちの生活は苦しく、海舟に救いを求めてやってくる者は後を絶たない。そこで海舟は私財まで提供するようになった。新政府との交渉に失敗し、徳川家臣たちを窮状に追い込んだ責任を感じていたのだろう。だが、海舟の金も底をついてしまう。するとその行為を知った徳川宗家が海舟に資金を与え、そのまま家臣たちを支援し続けることが可能になった。

明治二（一八六九）年五月、旧幕府脱走軍の榎本武揚らが箱館で新政府軍に降伏したことをもって、戊辰戦争が終結した。同年七月、人材を求めていた新政府は、勝海舟を外務大丞《たいじょう》に任じた。けれど、政府に仕える気のない海舟は拝命しなかった。その後、十一月には兵部大丞に任命されたが、やはり断っている。翌十二月には静岡藩の幹事役の辞職願を提出した。藩はこれを認めなかったが、海舟は藩政の第一線から勝手に退いてしまっている。

明治五（一八七二）年、海舟は海軍大輔《たいふ》に任じられ、新政府に出仕することに同意する。前年七月、廃藩置県によって静岡藩は消滅していた。仕えるべき藩が消滅したことで、主家に義理立てする必要もなくなり、ようやく政府の期待にこたえる気になったのかもしれない。

このおり旧邸近くの柴田七九郎という旧旗本の屋敷を購入した。敷地は二千五百坪という広大な土地で、五百両で購入したといわれる。海舟は、死ぬまでこの屋敷に住み続けることになった。跡地は平成五年までは「港区立氷川小学校」（廃校）の敷地だったが、いまは「港区立氷川武道場」と「港区立赤坂子ども中高生プラザ」に生まれ変わっている。敷地の入口には巨大な銀杏が立っていて、その脇に海舟の屋敷跡を示す「勝安芳邸趾」と刻まれた大きな石碑が立つ。

海軍大輔は海軍省の次官にあたるが、卿（長官）が欠員だったので、事実上、海軍のトップであった。いかに政府が海舟に大きな期待を寄せていたかがわかるだろう。海舟を政府に招き入れたのは西郷隆盛であった。この時期、大久保利通、木戸孝允、岩倉具視らは使節団として欧米へ出てしまっており、西郷が留守政府のリーダーであった。

台湾出兵に反発、政府から離れる

だが翌年、その西郷が政府を去ってしまう。征韓論にやぶれたからである。

新政府は鎖国する朝鮮に対して開国を求めたが、朝鮮は強くそれを拒んで関係が悪化した。このため「武力で朝鮮を討って開国させるべきだ」とする征韓論が高まった。政府内では参議の板垣退助が強硬に主張した。西郷は即座の武力発動に反対し、まずは使節を送って強く開国を呼びかけ、それを拒否されたなら武力行使すべきだと述べた。征韓論というより遣韓論というほうが正確かもしれない。そして自ら使節に立候補したのである。

一説には、西郷はわざと朝鮮を怒らせて自分が殺されることで日朝戦争を勃発させようとしていたといわれる。じつはこの時期、士族の不満がつのり、反乱が起きそうになっていた。士族は廃藩によって主家を失い禄を減らされ、苗字を名乗る特権も奪われた。さらに、国民皆兵を原則とする徴兵令がしかれ、戦士としてのプライドも傷つけられた。

そこで征韓派参議たちは、士族を征韓の軍事力として用いることで彼らの不満をやわらげようとしたという。だが、使節団から戻ってきた大久保利通や岩倉具視らは留守政府の征韓計画に対し、内治優先をとなえて西郷と激しく対立、ついに西郷の朝鮮への派遣を中止させた。激怒した西郷ら征韓派参議は、いっせいに下野してしまった。これを「明治六年の政変」といい、西郷、板垣、後藤象二郎、江藤新平、副島種臣らが政府から去り、西郷に心酔していた鹿児島県士族も続々と帰郷してしまった。

西郷派だった海舟だが、彼はこのとき政府に残る選択をした。

それはどうしても、西郷の論に同意できなかったからである。海舟は後年（明治二十七年）、朝鮮についてこんなことを述べている。

「朝鮮といへば、半亡国だとか、貧弱国だとか軽蔑するけれども、おれは朝鮮も既に蘇生の時機が来て居ると思ふ」「朝鮮を馬鹿にするのも、たゞ近来の事だヨ。昔は、日本文明の種子は、みな朝鮮から輸入したのだからノー」「朝鮮人も日本人のお師匠様だつたのサ」（『前掲書』）

このように朝鮮に対して敬意を持つとともに、「おれなどは維新前から日清韓三国合従の策を主唱して、支那朝鮮の海軍は日本で引受くる事を計画したものサ」（『前掲書』）とあるように、日清韓の三国同盟によって欧米列強に対抗しようというのが、海舟の基本的な外交戦略だった。

つまり朝鮮を武力で叩いて開国させたり、それによって朝鮮の宗主国である清国との関係を悪化させる征韓論は、海舟の考え方と正反対だったのだ。

だからといって、恩ある西郷と敵対することもできず、征韓論が沸騰していた時期、海舟は海軍の拠点であった横須賀へ赴き、一切、この政争に関与しなかった。逃げたのだ。

明治六年の政変で多くの参議（閣僚）が政府を去ったため、弱体化を恐れた政府は勝海舟を参議に取り立てた。だが、翌明治七（一八七四）年、政府は台湾出兵を強行する。宮古島の漁民が台湾の住民に殺されたため、政府は台湾を支配下におく清国に賠償を求めるが、その要求を拒否したので台湾を武力制圧したのである。そして大久保利通が北京に談判へ出向き、清国に責任を認めさせ、賠償金を勝ち取ってきた。

こうしたやり方に猛反発した海舟は政府に出仕するのをやめてしまい、参議・海軍卿の辞職願を提出した。政府は慰留したが、その後もずっと閣議に顔を出さなかったため、仕方なく明治八（一八七五）年四月に辞職願を受領した。その後、海舟は元老院議官に任じられたが、これについてもまもなく辞してしまい、以後は完全に政府から離れた。五十二歳だった。

天璋院篤姫との怪しい交際も

それからの海舟は、徳川宗家や豪商などから金をつのって資金を集め、それをもとに旧幕臣たちに対する経済的支援や低利の融資をおこなうようになった。

この時期の前後であろうか、海舟は天璋院篤姫《てんしょういんあつ》（薩摩藩主・島津斉彬の養女、十三代将軍・徳川家定夫人）と親しく会うようになる。

海舟が西郷隆盛と会見して江戸城無血開城が決まったわけだが、その陰で大奥の女性たちも大きな働きをしていた。とくに篤姫は、西郷など薩摩藩に徳川家の存続を強く働きかけたといわれる。

ただ、江戸城の開城が決定したあとも、篤姫は駄々をこねて城から退去しようとしなかった。もし城を出たら、国元の薩摩に送還されるだろうという噂が、大奥を駆け巡っていたからである。

困り果てた海舟は、みずから大奥へと出向いて、篤姫に会見を申し入れた。ところが海舟が大奥の座敷へ入ると、なんと懐剣を手にした奥女中たちが六人、ずらりと並んでいるではないか。しかも、もし何か言えば自害するぞという気概を見せたのである。仕方なく海舟がそのまま待っていると、やがて奥女中の一人がすっと前に進み出てきた。それが、篤姫だった。

海舟は城を退去するよう説得するが、篤姫は、「城を出るくらいなら自害する」と言ってきかない。そこで海舟は「あなたが自害すれば私だってタダでは済みませんから、その横で腹を切ります。すると、他人はきっと、私とあなたが心中したのだと噂しますよ」と、そう語ったのである。これにはさすがの篤姫も吹き出し、一気に座がなごんだ。しかしながら、その日はついに説得に応じず、海舟は頑固な篤姫のために三日間大奥へ通いとおして、ようやく同意させたと伝えられる。慶応四（一八六八）年四月のことである。

江戸城を出た篤姫はその後、一橋家の屋敷へ移り、さらに赤坂紀州邸をへて牛込戸山邸、そして赤坂福吉町の屋敷に落ち着いた。廃藩置県後は、徳川家第十六代になった家達と同居して彼の教育をになったという。

ちなみに江戸無血開城のとき、篤姫はまだ三十代前半の女盛りであった。どうやら彼女は海舟のことがひどく気に入った様子で、その後も互いに贈答品をやりとりしていたが、海舟が江戸に住むようになってからは、かなり頻繁に会っている。浅草の高級料理店である八百膳や向島の柳屋で食事をするだけでなく、吉原にも出かけていって、どんちゃん騒ぎをしたようだ。

海舟の娘・お逸が篤姫の屋敷へ遊びにいって、篤姫にアイスクリームをつくってやっており、海舟と篤姫は家族ぐるみの付き合いであって、二人は決して男女のやましい関係ではなかったといいたいのだが、残念ながらそう断言することは難しい。

海舟は晩年、こんなことを言っている。

「柳屋へ行つた時だツけ、風呂に入れたら、浴衣の単物を出したが、万事心持が違ふので、直きに又さうしたよ。一体は風呂の湯を別に沸して、羽二重でこすのだから。それに、着物もベタ〳〵すると言つて、浴衣の方が好いなどと言ふやうになつた」（江藤淳・松浦玲編『海舟語録』講談社学術文庫）

高級料亭で篤姫が風呂に入り、下着の世話までしている海舟。明らかに密会の匂いがする。しかも海舟は絶倫であり、妾を何人も抱えていた。海舟は質屋の娘・民子と結婚していたが、幕末には長崎の愛人に子供（三男・梅太郎）を産ませている。また、女中として屋敷に住み込んでいた増田糸との間に娘を二人。このほか小西かね、清水となど、幾人もの愛人が勝邸に住み込んでいた。通常、妾には別宅を構えさせるものだが、海舟は民子が愛人との同居生活を許してくれていると思っていたようだ。余談ながら、民子は亡くなる際、「あの人と一緒の墓には入りたくない」と拒絶、先立った息子・小鹿の墓に入った。これによって彼女の本心がよくわかる。

このような海舟であったればこそ、篤姫と単なる友人だったとは思えないのだ。ともあれ篤姫は息苦しい大奥から出て、海舟という人物に世の中の楽しさ、男の良さを教えてもらったと思われ、明治の世になってから、彼女は本当に充実した生を送ったのではないだろうか。明治十六年、篤姫は脳血栓のため四十九歳で急死した。

福沢諭吉による猛烈な批判を浴びる

明治十（一八七七）年、西郷隆盛が反乱を起こして敗死した（西南戦争）。このとき海舟は、西郷の勝利に期待するような発言をイギリスの外交官であるアーネスト・サトウに述べ、その死についてもかなり同情的だった。

そのため戦後、政府から疑いをかけられるところとなった。実際、戦争直前に海舟が鹿児島士族に金を貸していたこともあり、戦後に警察からたびたび事情を聞かれている。処罰されなかったものの、相当、西郷とのつながりを疑われたようだ。

しかし、だからといって萎縮する海舟ではなかった。国賊に落ちてからも海舟の西郷に対する愛情は変わらなかった。翌明治十一（一八七八）年、海舟は亡くなった友人たちの手紙をまとめ、これに評を加えて『亡友帖』を出版したが、その中に西郷の江戸無血開城のときの書簡も含まれており、暗に西郷の偉業を称えた。

さらに明治十二（一八七九）年、自費で葛飾郡の浄光寺に西郷を称えた留魂碑を立てている。その後も西郷の名誉回復のために尽力し、明治十七（一八八四）年には西郷の息子・寅太郎を留学させようと政府に働きかけている。

なお、相変わらず海舟自身は多くの妾や子供と同居しているうえ、個人的に私財を出して徳川旧臣に援助していたこともあり、かなり生活は苦しかったようだ。それでも政府の招きには決して応じようとしなかった。

満六十四歳になった明治二十（一八八七）年、それまでの功績を大きく評価され、海舟に爵位が与えられることになった。はじめは子爵を打診されたが、このとき海舟は「今までは並のからだと思ひしが五尺に足らぬししゃくなりとは」と、「四尺」と「子爵」をかけて皮肉ったため、伯爵になったという伝承が残る。

これより三年前、華族令が施行された。旧大名や公卿のみが華族とされてきたが、これに維新の功臣を加え、明治二十三年に開設される貴族院の母体にしようと伊藤博文が構想したのである。華族にはさまざまな特権が与えられたが、勝家にも宮内省から三万五千円という大金が入り、海舟本人も枢密院（天皇の諮問機関）顧問官に就任した。

不遇をかこっていた海舟は、がぜんやる気を出し、枢密院議長の伊藤博文に意見書を送った。以後もたびたび政府に薩長藩閥の融和を説くなど、政治に関与しはじめ、赤坂氷川町の勝邸には政財界の大物たちが通うようになり、海舟の話を聞いて影響をうける者も少なくなかった。

だが、こうした状況に冷や水を浴びせかけた男が現れた。福沢諭吉である。

福沢は豊前《ぶぜん》中津藩（現在の大分県中津市）出身だったが、大坂の適塾で蘭語を学び、江戸に出て英語を習得し、幕臣に召し出された英才だった。福沢は新政府に仕えず、在野で慶應義塾を大きくし、西洋に関する啓蒙書を次々と出版、当時は我が国を代表する偉大な学者・教育家として知られていた。そんな彼が、明治二十四（一八九一）年に「瘠我慢《やせがまん》の説」という長大な文章を書き上げ、それを海舟に送りつけて返書を要求したのである。

「瘠我慢の説」の内容は、すさまじいばかりの海舟批判であった。

福沢は言う。日本には昔から「痩我慢」という美徳がある。これを「立国の大本」として重んじていくべきなのに、二十年前、そんな「痩我慢の一大義を害したこと」があったとして、次のように述べる。

「徳川家の末路に家臣の一部分が早く大事の去るを悟り敵に向て曽《かつ》て抵抗を試みず只管《ひたすら》和を講じて自から家を解きたるは日本の経済に於て一時の利益を成したりと雖《いえど》も数百千年養ひ得たる我日本武士の気風を傷ふたるの不利は決して少々ならず」（『福沢全集 第六巻』国民図書 大正十五年）

暗に海舟が江戸城を無血で開城したことを難じ、たとえ鳥羽・伏見の戦いで敗退しても、江戸で「再挙を謀り、再挙三挙遂に成らざれば、退て江戸城を守り、仮令《たと》ひ一日にても家の運命を長くして尚《な》ほ万一を僥倖《ぎようこう》し、いよいよ策竭《かれ》るに至りて、城を枕に討死する」のが、本当の武士のあり方であると断じたのである。

さらに、福沢は言う。

それなのに海舟は、「未だ実際に敗れざるに先んじて自ら自家の大権を投棄し只管平和を買はんとて勉めたる者なれば兵乱の為に人を殺し財を散ずるの禍をば軽くしたりと雖も立国の要素たる瘠我慢の士風を傷ふたるの責《せめ》は免る可らず」と断罪する。

ゆえに維新後は「断然、政府の寵遇を辞し、官爵を棄て利禄を抛《なげう》ち、単身去て其跡を隠す」（伊藤痴遊著『新装維新十傑第七巻』平凡社）べきであろう。そうすればきっと「世間の人も、始めて其誠の在る所を知りて其清操に服し、旧政府放解の始末も真に氏（海舟）の功名に帰する」（『前掲書』）はず。ところが海舟は、新政府の高官として平然と仕えている。これは「武士の風上にも置かれぬ」（『前掲書』）所業であり、海舟のために「惜しむのみならず、士人社会風教の為めに深く悲む可き所の者なり」（『前掲書』）と、海舟が平然と政府の顕官《けんかん》におさまっていることを痛烈に批判したのである。

行蔵は我に存す、毀誉は我に関せず

当初、海舟は福沢から返書を求められたが、これを黙殺した。しかしその後も、再び福沢が返事を求めたので、次のように返信した。

私は、人々から批評を受けるような大それた偉人ではない。あなたの言葉やご指摘はまことに慚愧《ざんき》に堪えず、深く感謝する。そしてその後、「行蔵《こうぞう》は我に存す、毀誉《きよ》は他人の主張、我に与らず我に関せずと存じ候」と認《したた》めたのである。簡単に言えば、

「俺は自分の思うとおりに好き勝手にやっているだけ。他人にどう評価されようと構わない。俺のあずかり知らぬことさ」といった意味である。

なかなか見事な受け答えであるが、福沢のように海舟が幕府を潰したこと、政府の顕官に成り上がっていることを憎悪している旧幕臣は少なくなかった。

ただ、この意見は骨身にしみたのだろうか、海舟は思い切った決断をする。「行蔵は我に存す」の手紙を送った翌日、嫡男《ちゃくなん》の小鹿が没した。小鹿はアメリカに留学し、海軍軍人となって少佐にまでのぼったが、病弱で前年には予備役に編入され、命もそう長くないと思われていた。海舟も覚悟したとはいえ、六十八歳になって跡継ぎを失うのは辛かったはず。

だが、すぐに海舟は徳川家達と慶喜に書簡を送り、「慶喜公の末っ子（十男・精《くわし》）を養子として勝伯爵家にもらい受け、その血筋に爵位をお返ししたい」と申し入れたのである。

海舟には長崎時代の愛人に産ませ、手元で育てた梅太郎がおり、彼に伯爵を継がせることもできたが、あえて慶喜の子を貰いうけることにしたのである。おそらく福沢の「瘠我慢の説」に対する海舟の返答だと思われる。まことに潔い決断だといえるだろう。

慶喜はこの海舟の手紙を受け取り、「勝は俺のことを怨んでいると思っていたのに、このように大切に思ってくれているのか」と言って、涙を流したという。

その後も海舟は慶喜の復権に力を注ぎ、明治三十（一八九七）年になると、慶喜は静岡の屋敷を引き払って東京に居住するようになり、翌年、初めて皇居に参内して天皇・皇后に謁見することができた。これも海舟の根回しのお陰であった。慶喜は非常に喜び、この後わざわざ海舟の屋敷を訪れ、礼を述べ「これからも天理に背かぬようにしたい」と述べ、海舟に揮毫《きごう》を求めた。そこで「楽天理」と大書した。海舟も満足だったろう。

この年の十二月十八日、海舟は上野に建てられた西郷隆盛像の除幕式に招かれた。

「往事茫々《ぼうぼう》夢のごとくだよ。この寒いのに上野へ引張り出されてはおれも困るぢやないか。みんながさぞおほきな顔をして行くだらうから、おれはどうしようノオ。折助の身装《みなり》でもして行かうかい」（『氷川清話』）

そんなふうに言いながらも、勝は盟友のために老骨にむち打って式典に参列した。

「西郷の銅像を上野に建てたとて、それが何だい。銅像はオーキニ有難うって御礼を言ふかい。ヘン、銅像は口をきかないよ。（略）十八日には是非おれに銅像の前で演説でもやれと言ふから、おれには演説などは出来ないからお前さん方（西郷の子息たち）に頼みますと言つておいたら、なか〳〵承知しないで、そんなら何か是非やれと言ふから」（『前掲書』（　）内は筆者注）

そう軽口をたたいて勝は、「南洲翁（西郷隆盛　※筆者注）の銅像成れる日拙咏三首」と題し、「懐旧　せめつゞみ御旗なびかしたけびしも　昔は夢のあとふりにける　祝詞　咲花の雲のうへ野にも丶つとふ　いさをのかたみたちしけふかな　老懐　君まさばかたらんことのさはなるを　なみあみ陀仏　我も老たり」と、見事な歌をつくっている。

「西郷といふと、キツさうな貌《かお》をして居たやうに書かぬと人が信じないから、あゝ書くがね、ごく優しい顔だつたよ。アハハなどと笑つてネ、温和しい人だつたよ」（『前掲書』）

きっと銅像を見ながら、海舟は在りし日の西郷を思い浮かべていたことだろう。

それから海舟は一カ月しか生きなかった。

明治三十二（一八九九）年一月十九日、体調を崩し風呂から出たところで急に倒れ、まもなく亡くなったのである。貧しい幕臣の身分から成り上がって徳川政権の幕引きをにない、さらに明治政府の顕官にのぼり詰めた一代の英傑は、畳の上で満七十五歳の生涯を閉じたのだった。最期の言葉は、「死ぬかも知れないよ」だとも「これでおしまい」だとも伝えられる。

榎本武揚

えのもと・たけあき　一八三六〜一九〇八

江戸を脱し、蝦夷地で独自の政権を樹立

榎本武揚の家柄は代々の幕臣だったが、武揚自身はこの血統を受け継ぐ者ではない。武揚の父・円兵衛《えんべえ》が金で榎本家の株を買ったからだ。円兵衛は、備後国《びんごのくに》深安郡湯田村（現在の広島県福山市）の庄屋だったが、学問の志が強く、上京して伊能忠敬に師事し、天文学や暦学、地理学、気象学を学び、榎本家の株を千両で購入して御家人になった。国元では相当な資産家だったのだろう。ただ、榎本家の禄高は、五人扶持《ぶち》七十五俵。

役職は天文方出仕西の丸御徒目付《おかちめつけ》という軽輩の家柄だった。

武揚は、天保七（一八三六）年八月二十五日に江戸下谷三味線堀に、円兵衛の次男として誕生した。昌平坂学問所で学んだのち、長崎の海軍伝習所へ入所、さらにオランダに留学し、海軍奉行をへて海軍副総裁となった。

江戸城は無血開城したが、武揚は新政府軍への旧幕府艦隊の引き渡しを拒み、慶応四・明治元（一八六八）年八月に軍艦八隻を引き連れて品川を脱し、新政府に敵対する東北諸藩を海上から支援、その後、仙台に集まった旧幕府方の人々を乗船させて十月に蝦夷地へわたった。旧幕府軍は、松前藩や新政府軍を駆逐して蝦夷全島（北海道）を制圧し、箱館の五稜郭を拠点に政権を打ち立てた。

彼らが画期的だったのは、士官の間で政権の閣僚を決める選挙を実施したことだ。結果は、武揚がダントツとなった。こうして五稜郭政府の総裁となった武揚だったが、翌年四月に新政府軍が大軍で上陸、ついに箱館に迫ってきた。

五月十三日には降伏勧告書がもたらされたが、閣僚会議の場で否決され、翌十四日、武揚は正式に拒絶の返書をしたためた。「あくまでも自分たちの目的は蝦夷地の一部を朝廷より賜って生計を立てると共に、北方の警備をするためだ」と記し、「言い分を認めてもらえないのなら、一同は枕をならべて潔く死ぬ覚悟である」と記した。このおり武揚は「自分がオランダ留学時代に翻訳したフランスの『万国海律全書』が灰燼に帰してしまうのは残念であり、ぜひとも海軍の近代化に役立てて欲しい」と、使者を通じて敵将の黒田清隆（薩摩藩士）に贈呈した。

そこで新政府軍は、この日、田島圭蔵（薩摩藩士）を使者として派遣、田島は津軽陣屋において榎本武揚と会見した。武揚は、恭順を懇々と説く田島に対し降伏を拒絶したものの、五稜郭内にいる二百五十名の傷病者の湯川への搬送を依頼した。田島がこれを快諾したため、傷ついた者たちに金銭と乾パンやビスケットなどの食料を携帯させ、武揚自ら搦手門《からめてもん》から一人一人に労《ねぎら》いの声をかけて見送ったという。

田島は、武揚の毅然たる態度に接し「涙を垂れ惜《おし》むべし、如《かくの》ㇾ此《ごとき》の士を瓦と共に砕かんことをと云て」（小杉雅之進著『麦叢録』新人物往来社）大いに歎息して立ち去った。

この日、武揚は郭外に設置された役宅二百軒をすべて焼き払った。ここを新政府軍の拠点にするのを防ぐためであった。いよいよ最後の決戦を覚悟したのである。

箱館戦争の首謀者として新政府に降伏

五稜郭に白旗を掲げながら、新政府方の使者・中山良蔵（薩摩藩士）が来訪した。

戦いの準備は出来たかどうかを問い、食糧と弾薬の提供を申し出たのだ。応対に出た斎藤辰吉（のちに中野梧一《ごいち》と改名。新政府に出仕し、山口県令となったのち、実業界に転じた）は、厚情に感謝しつつも、その親切を固辞した。

しかし数時間後、新政府方から酒五樽と鮪《まぐろ》五尾が差し入れられた。五稜郭内の兵士たちは、この酒と肴《さかな》で最後の宴を開いた。この夜、武揚は仲間の隙をみて総裁室に戻った。ちょうど側近の大塚霍之丞《かくのじょう》がその姿を見つけ、近づこうとしたところ、短刀を引き抜いてまさに自害しようとしているところだった。あわてて大塚は、その白刃を素手で握りしめた。武揚はこれを引き抜き、行為を続行しようとした。ために大塚の手から血しぶきが飛んだ。騒ぎを聞きつけて閣僚たちが総裁室に入り、すんでのところで武揚の自殺は未遂に終わった。幹部らにたしなめられた武揚は深く反省し、その日、閣僚たちは深夜まで今後のことについて話し合った。

五稜郭内は「士官は断然心を決し、迚《と》ても此上勝算のあるべき様もなければ、潔く戦死せむと動揺することもなかりしが、歩兵共は次第に勢いの蹙《せま》るのを見て、大に落胆し追々逃散して残れる者も各々《おのおの》狐疑《こぎ》して戦志なく見え、且《かつ》弁天岬台場の方已《すで》に恭順と云ふ事に成りたること聞えければ、愈々《いよいよ》人心崩潰し如何とも為し難し」（大鳥圭介著『南柯紀行』）とあるように、死を覚悟して徹底抗戦しているのは士官だけで、沿岸の弁天岬台場が降伏したことで、郭内の兵たちの士気は落ちてしまった。

そこで隊長たちを呼んで意見を聴取したが、それぞれ見解が異なった。こんな状態で敵襲を受けたら、あっけなく五稜郭は陥落し、惨めな犬死にで笑いものになる。そこで「榎本、松平（太郎）、荒井（郁之助）、小子（大鳥圭介　※筆者注）四人軍門に降伏天裁に就き、自余の者の寛大なる処分冀《こいねが》う外あるまじと決心」（『前掲書』）したのである。

かくして新政府軍に降伏することを決定した武揚は、十七日朝、全員を集めてその決定を告げた。さらに「私は徳川家のため諸君たちとともに協力して素志を遂げようとしてきたが、この戦いで多くの死者を出し、すでに五稜郭内の兵士たちも疲弊して死人同様になってしまっている。我が国無二の城郭たる五稜郭は、これからまだしばらく落ちることはないだろう。しかしながら日本中を敵に回して戦い、無罪の士卒をこれ以上死なせることは私の本意ではない。それゆえ、皆に代わって自刃しようと決めたが、周囲に抱き留められてしまった。一身を潔くしようとして諸君に迷惑をかけるのは丈夫の為すところではないと悟った。私はこれから敵軍におもむき、私的に干戈を動かした罪を仰ぎ、天裁に就くつもりである。どうか諸君、私の気持ちに従ってくれ」と述べた。

これを聞いた兵士たちは、これまでの戦いの苦労と降伏しなければ成らぬ無念を思い、皆涙を流した。

この日、五稜郭政府は新政府軍に会見したい旨を申し入れ、総裁の武揚と松平太郎副総裁は五稜郭を出て近くの農家へ入った。新政府方からは黒田清隆参謀と増田虎之助（佐賀藩士）参謀が出席した。この会見において武揚は正式に降伏を申し入れた。対して黒田は、「明日午前七時まで砲撃を中止するから、それまでに五稜郭を開城し、首謀者は新政府陣営に出頭せよ」という条件を出した。武揚と松平はこれを了承して会談は終了した。

箱館戦争の首謀者として、閣僚を代表し総裁・榎本武揚と副総裁・松平太郎、そして陸軍奉行大鳥圭介、海軍奉行荒井郁之助の四名が新政府軍本営に出頭することになった。

翌朝、五稜郭内の広場に全兵士が整列した。一同の前に立ち武揚は、いっしょに戦ってきた同志に向かい「我々は朝廷のため、徳川のため、これまで戦ってきたのだ。どうか力を落とさないでもらいたい。そして諸君、どうか自重自愛せよ」と語り、しずしずと大手門から出て行ったのである。

孤城看将陥　軍紀乱如糸　残卒語深夜　精兵異往事
単身甘就戮　百歳愧愆期　成敗兵家事　何須苛論為
（孤城看る将に陥らんとし　軍紀乱れて糸のごとし　残卒深夜語り　精兵往事に異なる
単身戮《さつ》に就くを甘んじ　百歳期を愆《あやま》るを愧《はじ》ず　何ぞ苛論を為すを須《もち》いん）

これは、武揚が出立に際して詠んだ漢詩である。すでに死の覚悟はできていたようだ。まだ武揚は三十二歳の若さであった。

この日、五稜郭に籠もっていた約千人の兵は、武装解除され箱館の称名寺や実行寺などに分置された。主《あるじ》を失った五稜郭に新政府軍が入城する。建物は砲弾のために傷つき、崩れ、破壊されていたが、郭内は五稜郭政府方の兵士の手により、きれいに掃き清められてあったという。

黒田清隆により助命され北海道開拓使へ出仕

意外なことに武揚をはじめ五稜郭政府の閣僚たちは、投獄されたものの、最終的に全員が命を長らえた。少なくとも武揚は総裁として処刑されて然るべきであった。その運命を強引に変えたのが、箱館戦争で新政府の参謀として活躍した黒田清隆だった。黒田は、武揚の助命を強く主張し、「どうしても榎本を殺すなら、まずは自分の首を刎《は》ねてからにしてほしい」とまで言い、頭を丸めたのである。

東京に護送された武揚ら五稜郭政府の閣僚は、辰ノ口糺《きゅう》問《もん》所の監獄へ収監された。いったんは獄中での斬首も覚悟した武揚だったが、いつまで経っても音沙汰がない。

「もしかしたら、赦免されるのではないか」

生への望みが心に湧き起こってきた。それゆえ武揚は、出獄後のことを考えはじめ、ヨーロッパで学んださまざまな知識を用いて石鹸製造法の研究、鳥卵人工ふ化器やテレグラフの模型の作製に熱中した。さらに、自分が統治していた北海道（蝦夷地）の壮大な開発計画案を立てた。

当時、このような最新の科学知識を有した人物は、ほとんど存在しなかった。

「賊将といえども、殺すには惜しい人材だ」

政府の高官たちもそう思うようになっていった。が、新政府に楯突いた人間なので処刑せざるを得ない、という空気が新政府内では支配的だった。処刑派の筆頭は、長州藩の木戸孝允《たかよし》や大村益次郎だったといわれる。

だが、黒田のがんばりのおかげで、とうとう武揚は釈放されることになり、かつ、新政府の官僚に登用されることになったのである。明治五（一八七二）年三月のことであった。あの箱館での戦火から二年半が過ぎ、時代は大きく近代化へと動き出していた。

与えられた仕事場は、開拓使であった。北海道の開拓のためにおかれた省庁で、開拓使次官にはあの黒田清隆が就任していた。そう、黒田が武腸を引っ張ったのである。このほか松平太郎や大鳥圭介、荒井郁之助らもみな、開拓使に出仕することになった。蝦夷地を開拓するという夢が、まさにひょんなことから実現することになったわけだ。

明治五年五月、ちょうど箱館戦争が終結してから三年後、元五稜郭政府の総裁・榎本武揚は、新政府の官僚として船で箱館の地に降り立った。三年の歳月が過ぎたとはいえ、旧幕府軍の防衛拠点だった弁天岬台場などはそのまま存在し、市街や周辺の建物には弾痕も痛々しく残っていたと思われる。武揚の目的は箱館付近の鉱物調査であったが、箱館の地に立って、その胸に感慨が去来しなかったはずもない。

なおそれから翌年にかけて、武揚は水を得た魚のように、北海道中を調査して歩き、石油・砂鉄・鉛・石炭など多くの資源を発見した。

領土交渉のため全権をもってロシアへ

明治八（一八七五）年、函館（箱館は戦争後に函館と改称）港に東京から一隻の蒸気船が入ってきた。この船は高さ八メートルにもおよぶ巨大な碑を積んでいた。碑には「碧《へき》血碑《けつひ》」という銅製の三文字が張り付けてある。この題字は、武揚とともに箱館戦争戦った大鳥圭介の筆（ただし異説もある）である。「義に殉じて流した血潮は、三年経つと碧《あお》くなる」という荘子の言葉にちなんだものだという。

この碑は、武揚をはじめ箱館戦争で生き残った仲間たちが金を出し合ってつくった慰霊碑であった。新政府方の招魂碑に比較してはるかに立派で大きなものである。武揚は各寺に埋葬されていた約八百名の遺体を函館八幡宮の裏山（谷地頭）に改葬し、その上にこの「碧血碑」を置いたのであった。

しかしこの碑が建立されたとき、武揚は日本にいなかった。前年の明治七（一八七四）年一月、ロシアとの領土問題を解決すべく、特命全権公使に任じられ、三月に横浜を出航し六月にペテルブルクに赴いていたからだ。

渡海する前に、武揚は海軍中将に任命された。海軍大将は存在しなかったので、これは海軍の最高位であった。旧幕臣にこんな高い位階を与えたのには訳がある。全権をもってロシアと交渉するからには、それにふさわしい高官を派遣する必要があったためだった。

日露の国境については、幕末の日露和親条約で択捉《えとろふ》島から南側を日本領、得撫《うるっぷ》島より北側をロシア領とし、樺太《からふと》（サハリン）については両国人雑居の地となっていた。ところがその後、南下政策をとるロシアが樺太支配をもくろむようになる。多数の囚人や軍人を送り、日本人の住む村を襲撃させるなど圧迫するようになったのだ。

日本政府の高官のなかには樺太をロシアから買い取ってしまおうと主張する者もいたが、北海道の開拓だけで手一杯であり、放棄すべきだとする開拓使長官・黒田清隆の意見が通り、その交渉役としてオランダへの留学経験があり、外交交渉も巧みな武揚が全権使節に任じられたのである。

十一月に初めての交渉がおこなわれた。主な交渉相手は、ロシア外務省アジア局長であるスツレモーホフだった。すでに樺太を放棄することは既定の方針だったが、武揚は樺太に日露の国境を定めることを主張した。いっぽうスツレモーホフは全島の領有を主張。これに妥協するかたちで武揚は、その代わりに得撫島とその近くの三島、ロシアの軍艦、樺太のクシュンコタン（現在のコルサコフ）を無税の港とすることを要求した。

そして最終的に、樺太を放棄する代わりに千島列島すべてを日本領とし、さらに十年間のクシュンコタンの無税化や近くでの漁業権を獲得、明治八年五月に樺太千島交換条約を結んだのである。政府が想定していた以上の成果だった。

条約が締結されたのち、武揚は一月ほどヨーロッパ各地をめぐって見聞を広げ、その後はペテルブルクに戻ってロシアについてさまざまな情報を調べては本国へと送った。ようやく帰国命令が届くのは明治十（一八七七）年一月のことであった。

シベリアを馬車で横断して記録を残す

すると武揚は、帰国にあたって奇想天外な方法を思いつく。

なんと、ペテルブルクから馬車でシベリアを一万キロ以上踏破して、北海道から日本へ戻ってこようと思いたったのである。その理由がふるっている。

シベリア踏破の目的を書いた家族あての手紙を要約すれば、

「日本人はロシア人を大いに恐れ、今にも北海道を襲うのではないかと言っている。そんなことは全くのデマだとよく知っている。だから私がロシアのシベリア領を堂々と踏破し、その臆病を覚ましてやるのだ」

とある。ずいぶんと大胆な発想である。

西南戦争やロシアとトルコとの戦争がはじまったこともあり、計画は一年延びたが、明治十一（一八七八）年七月、武揚は実際にその冒険を実行した。しかも旅行の記録は詳細を究《きわ》めた。現地の人々と接してシベリアの政情、軍事、経済、文化、施設や工場、言語や自然、住人や宗教など、あらゆるものを記録として書きとめたのである。

旅ではいろいろな危険や苦難もあった。あるときなどは犬の二倍もあろうかという狼が現れ、馬車に伴走しはじめた。危険を感じて銃を取り出したところ、サッと狼は去っていった。だが、もっと閉口したのは虫であった。南京虫のほか、蚊やアブ、ブヨなどに苦しんでいる。

シベリアは流刑地であったので、多くの罪人たちとも遭遇した。髪を半分剃られた罪人、家族で流罪となり赤ん坊を抱いた女などを目にして同情している。土地の食べ物も積極的に味わっている。とくにこの地方ではハチミツは、巣のままで蠟もいっしょに食べるのだが、さすがに巣はまったく味がなくてまずいと感想を述べている。

帰国後の明治十二（一八七九）年、武揚は外交手腕を買われて外務大輔《たいふ》（次官）に登用されたが、翌十三年には海軍卿となった。明治十五年には駐在特命全権公使に任じられて清国に赴任する。

明治十七（一八八四）年に甲申《こうしん》事変が起こり、日本の勢力が朝鮮から駆逐され、宗主国の清国が大きな影響力を持つようになる。これ以上の事態悪化を防ぐべく、日本政府は伊藤博文を北京に送り、李鴻章《りこうしょう》と交渉させた。結果、日清両国は朝鮮半島から軍隊を引き揚げ、もし出兵する場合には事前に通告するという天津条約を結んだ。この条約により、それ以上の事態の悪化を防いだのである。

このとき伊藤を補佐して条約の成立に導いたのは武揚であった。武揚が李鴻章と肝《かん》胆相照《たんあいて》らす仲になっていたから、それができたのである。のちに述べるが、武揚は人に好かれる質《たち》であった。

ちなみにこのおり武揚は、息子の春之助に宛てた手紙で、「伊藤博文がこのような大事な任務を背負うのは初めてなので、どうなるか傍から見ていたが、なかなかやるよ。面白さと気の毒さが半々だ」と述べている。自分のほうが外交では上だという自負がよくわかる。このすぐ後、伊藤は内閣制度を創設し、初めての総理大臣の地位につくが、武揚は幕臣で唯一入閣し、逓信《ていしん》大臣となった。

栄達の要因は人に愛される性格にあった

外交と海軍が武揚の専門だったが、じつは武揚は何をやらせてもソツなくこなしてしまう。それは、武揚の経歴を見ればよくわかる。海軍卿、皇居造営御用掛、清国駐在特命全権公使、逓信大臣。さらにその後は農商務大臣、文部大臣、外務大臣をつとめている。あまりに継続性のないハチャメチャな履歴だ。だが、いずれの仕事も無難にやり抜いている。

賊将から明治政府の顕官に成り上がったのは、今述べたようにスペシャリストにしてゼネラリストという彼の才能にあったのは確かだが、それが理由のすべてではない。やはり、栄達の最大の要因は、その愛すべき性格にあったといえるだろう。五稜郭政府の選挙で総裁に選ばれたのも、黒田清隆が命をかけて助命嘆願に走ったのも、みな武揚が人に好かれる資質を有していたからだろう。武揚はロシア滞在中、ロシア皇帝にも気に入られたというし、逓信大臣になれたのは伊藤博文に好かれたからだといわれる。

では、なぜそれほど他人から愛されたのか。

明治政府に仕えたベルツという医師は膨大な日記を残しているが、明治政府の顕官たちについて批判する記述が散見される。ところが武揚に対しては、「政府内における唯一の幕臣で、正直で誠意ある人物」とベタほめなのだ。

正直さと誠意――これが武揚をして立身させた最大の要因だったのだろう。ただ、武揚を憎む人も少数だが存在した。その代表が同じ幕臣だった福沢諭吉である。福沢は明治二十四（一八九二）年に、幕臣で政府の顕官になった勝海舟と榎本武揚を批判する論稿を書き上げ、本人たちに送りつけて意見を求めたのである。

そこには、武揚が幕臣として負けるとわかっていながら新政府に抵抗したことを評価しつつ、その後の身の処し方について次のように非難してあった。

「古来の習慣に従へば凡《およ》そ此種の人は遁世《とんせ》出家して死者の菩提を弔ふの例もあれども今の世間の風潮にて出家落飾も不似合とならば唯《ただ》その身を社会の暗処に隠して其生活を質素にし一切万事控目にして世間の耳目に触れざる覚悟こそ本意なれ」（『明治十年 丁丑公論・瘠我慢の説』時事新報社）

このように福沢は、敗軍の将として武揚は隠遁すべきだったとし、さらにこう批判した。

「降参放免の後に更に青雲の志を発して新政府の朝に富貴を求め得たるは曩《さき》に其忠勇を共にしたる戦死者負傷者より爾来《じらい》の流浪者貧窮者に至るまで都《すべ》て同挙同行の人々に対して聊《いささ》か慚愧《ざんき》の情なきを得ず」

まだ遅くないので、「断然世を遁れて維新以来の非を改め、以て既得の功名を全うせんことを祈るのみ」と述べた。つまり、武揚に引退を要求したのである。

当初武揚は、福沢のこの書を黙殺したのだが、福沢がしつこく回答を求めたので、仕方なく、「あなたの述べていることは事実と違うこともあり、私の考え方もある。しかし、いまは多忙なので後日、愚見を述べる」と返書した。いずれにせよ、腹立たしい気持ちであったろう。

鉱山の鉱毒被害に責任を感じ大臣を辞職

ともあれ、正直で誠意ある人物だった武揚ゆえ、明治三十(一八九七)年、六十一歳で政界からの引退を決意することになった。

じつは数年前から足尾銅山の鉱毒が大きな問題となり、農民が銅山の停止を求め、栃木県出身の衆議院議員田中正造も議会でこの問題を取り上げていた。

明治二十七（一八九四）年に銅山を管轄する農商務大臣になった武揚は、大臣として初めて被害農民の代表と会い、さらには現地へも視察に出向いた。そしてその被害の大きさに衝撃を覚え、政府に鉱毒調査委員会を設置する。だが銅山側と政府高官が結託していたのか、なかなかそれ以上の対応が難しく、責任を感じた武揚は大臣を辞職、以後、政府の要職から去った。


明治三十一（一八九八）年、武揚の嫡男・武憲が結婚した。武憲は東京帝国大学を卒業したエリートで二十七歳だった。その妻となった梅子は、黒田清隆の娘であった。すでに黒田は病身で、長くないことは自明だった。だから武揚は、かつて命を救ってくれた黒田に報いたいと思い、自分のほうから梅子を息子の嫁にほしいと頼んだのである。黒田は大いに喜んだが、娘の晴れ姿を見た二年後に六十一歳で他界した。

明治四十（一九〇七）年、武揚は久しぶりに函館へ出向き、多くの仲間たちが眠る碧血碑を詣でた。すでに七十歳を超え、病気がちだったので、これが訪問できる最後の機会だと思ったのかもしれない。

箱館戦争から四十年の歳月が過ぎていた。いったい武揚はこの場所で何を思ったのであろうか。

それから一年後の明治四十一年十月二十六日、武揚は満七十二歳で息を引き取った。

旧幕臣として最後まで新政府に抗い、後半生は新政府の顕官となった榎本武揚――そんな彼のために なんと八千人もの人びとが会葬に訪れた。棺の蓋を閉じたとき、福沢諭吉の言い分が誤りであったことが、はっきりと判明したのである。しかしながら福沢はそれを見ることができなかった。すでに彼のほうが早く、地下の人になってしまっていたからである。

東京日日新聞には、武揚と仲の良かった土方久元《ひじかたひさもと》（土佐藩出身で伯爵）の談話が載っている。

「（武揚と）話し合ってみると御互いに面白いのでたいそう仲が善くなって、一緒に酒を飲みに行くようになった。（略）榎本のほうは食わんで酒ばかり飲む、殊に朝から晩まで飯を食わずに酒ばかりだ。吾輩が飯を食わなくてはいかんと忠告したら、酒は米の水じゃから、酒を飲めば飯を食うも同じ事じゃと答えた」

江戸っ子らしい、粋な受け答えであり、武揚の人柄がよくわかる。

副島種臣

そえじま・たねおみ　一八二八〜一九〇五

明治初期の外交で手腕を発揮

副島種臣は、高校日本史B（通史）の教科書八種類のうち七冊に登場する重要人物である。たいてい、征韓論にやぶれた西郷隆盛と政府を下野し、その翌年、板垣退助らとともに民撰議院設立建白書を政府に提出した元参議として紹介されている。

文政十一（一八二八）年、種臣は肥前佐賀藩に生まれた。父の枝吉種彰《えだよしたねあき》は藩校「弘道館」の教授で、次男の種臣も幼い頃から父に四書など漢学を教えこまれた。

兄の枝吉経種《つねたね》（神陽《しんよう》）は神童とうたわれた逸材で、熱心な勤王家であったことから種臣もその影響を強くうけ、京都で尊皇攘夷活動をはじめたところ、藩から謹慎処分をくらった。三十二歳のとき副島利忠の養子となり、今度は長崎に留学して英学をおさめた。慶応三（一八六七）年になると、大隈重信と藩を脱して大政奉還の実現をめざすが、佐賀藩によって国元へ送還されてまたも謹慎となった。

幕末の佐賀藩は、藩主・鍋島直正が絶対的な力をにぎり、藩士の政治活動は封印されており、直正自身も倒幕か佐幕かの態度をあきらかにしなかった。だが、鳥羽・伏見の戦い以後、新政府（倒幕派）方につくや、その強大な軍事力によって戊辰戦争で驚異的な活躍を見せ、佐賀藩（肥前）は薩長土肥とよばれるように新政府の一勢力をになう勢力になった。

幕末に政治活動をしていた数少ない佐賀藩士であった種臣は、すぐに政府に登用されて参与となり、さらに参議（いまでいう閣僚）にのぼった。漢学の素養が深く英学もかじっていたので、明治四（一八七一）年には第三代外務卿（現在の外務大臣）となり、ロシアとの国境問題の解決、ペルーのマリア・ルス号事件の解決（船内にいた中国人苦《クー》力《リー》の解放）、日清修好条規（初めての対等条約）批准といった見事な外交手腕をみせた。

しかし西郷隆盛が征韓論争にやぶれると、これに同調して政府を辞め、翌明治七

（一八七四）年、板垣退助らと民撰議院設立（国会の開設）の建白書を政府の左院に提出した。ちょうど同時期、国元では不平士族が不穏な動きをみせたので、同郷の江藤新平とともに帰郷を決意したが、その直前、江藤に制止されて思いとどまった。結果、帰った江藤のほうが士族らに擁されて乱をおこし、刑死してしまった。まさに種臣と明暗が分かれたわけだ。

ただ、種臣もこの年、家庭的に大きな不幸にみまわれた。同年五月に長男の道英、十月に次男の道直が相次いで死去してしまったのだ。二人はロシア正教会のニコライ司祭の門下でロシア語の研究をしていた。種臣は外務卿時代、ロシアとの関係を強化すべくニコライに息子たちを弟子入りさせていたのである。翌年、種臣はさらに息子の道堅も失う。

立てつづけに三人の子を亡くした種臣の気持ちは察して余りある。そのうえ「御用滞在」という名目で、政府は危険人物の種臣が東京から出るのを許さなかった。

種臣の悲しみと不満を埋めたのは神道であった。とくに本田親徳がつくった本田霊学の研究に没頭するようになった。親徳はもともと薩摩の人で、西郷隆盛の紹介によって彼を知った種臣は、親徳を師として熱心に本田霊学を習得した。その教義には死者の鎮魂、神を憑依させる帰神の術なども含まれていた。

漢学の素養を買われて宮中へ

明治九（一八七六）年になると、種臣は政府に強く清（中国）への渡海を願うようになった。ただ、警戒されてなかなか許可がおりなかった。各地で不平士族の怪しい動きがあり、彼らと合流するのではないかとか、旧知の李鴻章（清国の実力者）に頼んで清国に仕えるのではないかと疑われたのである。

ようやく許可がおりると、種臣は自邸を有栖川宮熾仁《たるひと》親王に一万円で売り払い、それを元手に家族を日本に残し、従者一人をともない飄然と旅立っていった。そして上海を拠点に名勝をめぐり、多くの名士とまじわった。

ただ、元政府高官の不可思議な行動ゆえ、政府も清朝も密偵を張り付け、その動きをさぐった。

この謎めいた渡海だが、一説によれば、本田親徳が「翌年二月に西郷隆盛が反乱を起こすので、その難を避けるべく海外へ行け」というお告げをもたらしたからだという。

実際この間、神風連の乱、秋月の乱、萩の乱が起こり、さらに明治十（一八七七）

年、盟友の西郷隆盛が挙兵して西南戦争が勃発した。突発的に動く癖のある直情型の種臣は、西郷と関係が深いことから、場合によって後先考えずに、鹿児島へ向かってしまう危険があった。本人も十分それを自覚していたからこそ、不平士族との関係を断つために異国へ旅立ったのではなかろうか。

いずれにせよ、こうして海外へ去った種臣だったが、西郷が自害した直後の明治十年九月に急に帰国する。確かな理由はわからない。これはあくまで推測だが、わずか数カ月前、七男で幼い道清が病死している。それを知って堪えきれず、鹿児島軍がほぼ壊滅したのを待って、愛児を弔《とむら》うために帰ってきたのではなかろうか。こうして二カ月間家族と過ごした後、再び種臣は清国へ戻っていった。

正式に帰国したのは明治十一（一八七八）年秋のことであった。すでに西郷のみならず、木戸孝允、大久保利通も故人となっていた。

翌年、種臣はその漢学的素養と篤い尊王思想を買われて宮中に入った。宮中の重臣である柳原前光、元《もと》田《だ》永孚《ながざね》、吉井友実、佐々木高行らが強く求めたからである。彼らは天皇親政運動をすすめており、維新の功臣であり学識の深い種臣を引き入れたいと考えていたのだ。明治十二（一八七九）年四月、種臣は宮内省御用掛、一等侍講兼侍講総裁となり、週一回ずつ、明治天皇と皇后に大学や中庸など中国の古典を講義することになった。

　こうして五十歳で種臣第二の人生がはじまった。

辞意を撤回させた明治天皇の宸翰《しんかん》

　種臣は「我が君を堯舜《ぎょうしゅん》（中国古代の理想的君主　※筆者注）たらしめ、我が民を堯舜の民たらしめん」とし、また「王道（仁徳による統治　※筆者注）を当世に現出」しようという理想を持ち、「吾にあらずんば誰か能く任ぜん」（三宅雪嶺著『偉人の跡』丙午出版社明治四十三年）という気概をもって天皇の教育にあたった。

　ところがわずか半年後、「副島が天皇に反政府的な言動を吹き込んでいる」という批判がはじまり、排斥運動が起こったのである。

　その中心になったのは、薩摩の重鎮・黒田清隆であった。

　もともと、この二人の間には確執があった。日露雑居の地となっている樺太をどうするかについて、外務卿の種臣はこれをロシアから購入して領土として維持しようとしたが、開拓使長官の黒田は、すぐに放棄して北海道の開拓に専念すべきだとした。

　結局、明治八年の樺太・千島交換条約により樺太は放棄されることになったが、このように数年来の因縁が黒田の種臣攻撃の要因になったとされる。

種臣を斥けろという意見に政府の実力者・伊藤博文は賛同しなかったが、騒ぎを鎮めるためには「種臣を宮中から離して外遊させるしかない」と考え、動きはじめた。

元田永孚などは強く反発したが、種臣は身の潔白を主張しながらも、明治十三(一八八〇)年一月になると、ついに「山林に入って静かに余生を送りたい」と辞意を漏らしはじめ、病と称して進講を休むようになった。

すると驚くべきことに、明治天皇が宸翰(天皇の直筆の文書)を認め、同年三月三十一日、侍講の土方久元に持たせて副島邸に派遣し、それを種臣に渡したのである。

天皇自らが筆を執ってまで引き留めてくれるなど思ってもみなかったので、種臣は宸翰を手にして涙を流し、素直にこれに応じ、翌日、参内して職責をまっとうすると誓った。

なお、この宸翰については、種臣の希望により秘匿された。家族さえもずっと知らなかった。ようやく亡くなる一年前、三男で跡継ぎの道正にその事実を告げて、絶対にこれを公開してはならないと約束させたのだった。

しかしながら数年後、この事実を『報知新聞』がかぎつけ、ために道正は、天皇崩御の後、宮内省の許可をとったうえで公開することにした。

その宸翰は次のようなものであった。

「卿（種臣のこと）ハ復古（王政復古）ノ功臣ナルヲ以テ、朕今ニ至ツテ猶其功ヲ忘レス、故ニ卿ヲ侍講ニ登用シ、以テ朕ノ徳義ヲ磨クコトアラントス、然ルニ卿カ道ヲ講スル日猶浅クシテ、朕未タ其教ヲ学フコト能《あた》ハス、此日来、卿、病褥《びょうじょく》（病床）ニ在テ久ク講（進講）ヲ欠ク、仄《ほのか》ニ聞ク、卿、侍講ノ職ヲ辞シ、去テ山林ニ入ントス、朕、之ヲ聞テ愕然ニ堪ヘス、卿、何ヲ以テ此ニ至ルヤ、朕、道ヲ聞キ学ヲ勉ム、豈一、二年ニ止マランヤ、将ニ畢生《ひっせい》ノ力ヲ竭《なく》サントス、卿、亦宜《よろし》ク朕ヲ誨《おし》ヘテ倦《う》ムコト勿《なか》ルヘシ、職ヲ辞シ山ニ入ルカ如キハ、朕、肯《あえ》テ許ササル所ナリ、更ニ望ム時々講説、朕ヲ賛《たす》ケテ晩成ヲ遂ケシメヨ」（大木俊九郎著『副島種臣先生小伝』副島種臣先生顕彰会　昭和十一年　※（　）と読点は筆者注）

この宸翰下賜の背景には、元田永孚など宮中派の尽力があった。彼らとしては天皇親政を実現するためには、政府に対抗できる維新の功臣たる種臣の力が必要だったのだ。

いずれにせよ、種臣は以後、侍講職が廃される明治十九（一八八六）年まで、明治天皇を英君とすべく全霊をこめて講義を続けた。

天皇から全幅の信頼を得た清廉な人柄

そんなある日、天皇は近頃、種臣の様子が冴えないことに気づき、側近に理由を聞いた。すると、金に困っていることがわかった。

じつは種臣は、金を貯めるということを知らなかった。「金なんか持って威張るのは馬鹿だ。太古は貝を貨幣とした。丁度貝を集めて威張ってるのと同様だ」（『前掲書』）というのが口癖だった。だから出張などへ行き、旅費が余ると、それで米穀を買い貧しい人々に配ってしまった。あるとき増田某という佐賀出身の軍人が副島邸に来て、種臣の愛馬を見て褒めちぎると、「それほど気に入ったのなら、やるから乗って帰るといい」と気前よく与えている。

赤坂田町の亀の湯の主人は岩井宗助というが、彼はもともと富山県から東京に出てきて、副島邸の草取りをしていた男だった。種臣は宗助と親しくなって、その信仰深さに感心すると、「いつまでも草取りなどしていても仕方なかろう」といって大金を貸してやった。その資金を元手に開いたのが亀の湯である。

このように気前が良いので、副島邸には常時四、五十人もの書生がごろごろと暮らしていたという。

外務卿時代、外国人との付き合いから種臣は、牛乳や牛肉の必要を感じたが、まだそれを売る店がない。そこで麻布に数千坪の土地を五百円で買い入れ、七十頭の牛を飼育させた。だが、外務卿辞職に伴って飼育場も不要になったので、なんと飼育場の世話をしていた主任者にただで土地と牛を与えてしまった。

また清国へ渡航する際、自邸を売却してから、種臣はずっと越前堀にある鍋島侯の下屋敷を十七円で借りていた。これがぼろ屋敷で、土台は腐り、屋根の雨漏りはひどい状態だった。種臣は清国の李鴻章から揮毫を頼まれ、美しい絹を保管していた。いざ、取り出して文字を書こうとしたら、布は雨漏りのために染みだらけになっており、仕方なく種臣は大金をはたいて清国から布を取り寄せることになったという。

この屋敷はおんぼろのうえ、ろくに掃除もしなかったので縁側はホコリだらけだった。そのため、注文を受けて石油を運んできた油屋が、そのまま土足で縁側へ上がりこんでしまう。これを見た種臣は、その油屋を叱りつけた。恐縮した油屋は、家人とともに雑巾で縁側を拭き掃除した。これを見て種臣は、ずいぶんきれいになったと上機嫌だったそうだ。

このように金はあれば使ってしまうので、三度の食事も粗食だった。三男の道正によれば、種臣の好物はおからと豆腐、コンニャクだった。ちなみにこの道正が多くの息子のなかで、唯一成人した子供だった。先述のとおり、種臣は次々と子供に死なれ、明治十二年にも道守が死に、さらに翌明治十二年には妻の律子に先立たれ、明治十四年、今度は息子の道太も死んでしまった。

だから三男の道正が学習院の学生だったとき、種臣は「汝も亦近く死ぬであらうが、生前何事も希望あらば申し出ろ」(『前掲書』)と言ったのだ。どうせお前も死ぬだろうからとは、ずいぶん不吉な言葉だが、この道正に限っては例外だった。奇跡的に七十七歳まで生きたのである。ちなみにこのとき道正は、イギリスへの留学を願い出て、七年間彼の地で生活し、ケンブリッジ大学を卒業して父と同様、宮中に入り、貴族院議員となって昭和二十三年に亡くなった。

いずれにせよ、種臣は金欠状態だったが、天皇に心配された頃は、書生の一人に「鉱山を買いましょう」と巧みに騙され、三万円の大損を蒙《こうむ》っていたのである。それで顔色がすぐれなかったわけだ。これを知った明治天皇は、手元からなんと二万円(一〇万円説あり)を取り出し、徳大寺実則侍従長に持たせて副島邸へ出向かせたという。

種臣はこれを謹んで受け取ったが、翌日、参内して天皇に対し、下賜金を辞退し、次のように述べた。

「名君は下万民を平等に愛し給ふべきで、一個の副島のみを特に偏愛し給ふべきでない。悲惨の境遇にある窮民の御賑恤《しんじゅつ》にあてさせられるやうに」（『前掲書』）と諫言《かんげん》したのである。種臣は各地で恵まれない人々がいることを目の当たりにし、そうした人々を救おうとしてきた。それゆえの諫言だった。

ただ、天皇に対して意見を述べるのは恐れ多いことである。ゆえに、その決意のほどを見てとった天皇は、「副島は死ぬつもりだ」と側近に言って、すぐに使いを派した。

使者が行ってみると、まさに種臣は腹を切ろうとしており、危ういところだったという。

このように一直線な種臣ゆえ、天皇は全幅の信頼を置くようになったのだろう。

激情に走りやすい性格は変わらず

明治十四（一八八一）年、宿敵の黒田清隆が格安で友人の五代友厚に開拓使の官有物を払い下げようとしているという噂が流れた（事実ではない）。これを知った種臣は激高し、有栖川宮熾仁親王と大隈重信に対して上書を提出した。そこには天皇の英断による払い下げの中止を求めるとともに、黒田を罵倒し、田口卯吉、福地源一郎、岡本健三郎、板垣退助等を政府の閣僚に登用すべきことが記されていた。

政府の人事にまで口出しするという、宮中高官の越権行為であった。種臣はこの書を天皇に見せてほしいと依願したが、あまりの過激さに驚いた有栖川宮はこれを奏上しなかった。ただ、天皇はのちにおおまかな事実を知り、種臣に対して佐々木高行を遣わし、自重を求めたので種臣も以後は沈黙を守った。

結局その後、種臣と同郷の大隈重信ら一派は政府から駆逐され、伊藤博文と黒田清隆ら薩長藩閥が政府でさらに大きな力を持つようになった。

翌明治十五年、種臣は政府に対して建言書を提出している。そこには、すべての土地は天皇のもの（王土論）なので、土地の私有制やそこから税をとる地租をやめて人頭税とし、人々に自由を与え、普通選挙を実施し、官民が調和するべきだと記されていた。

さらに翌明治十六年、官民融和のため九州を遊説したいと言いはじめた。なおかつ、あれほど敵対していた黒田清隆と会合し、手を組んだのである。

これには天皇を筆頭に、誰もが仰天した。

黒田は民権派が急進的になり、過激な行動を起こしているこの時期、人々の一致団結のために立ち上がる決意を種臣に伝えたのである。これに感激した種臣は、自分を訪ねてきた黒田と意気投合し、「もし俺が利己主義に走ったときには、これで俺を斬れ」と兼光の刀を与えたという。天皇はこうした動きを危険視し、種臣の九州遊説を認めなかった。

このように種臣は、激情に走りやすい人物であった。

明治二十五（一八九二）年、衆議院の選挙干渉で敗北した責任をとり、品川弥二郎が内務大臣を辞任したとき、その後任として松方正義首相は副島種臣の名をあげた。このとき種臣は、天皇の諮問機関たる枢密院の副議長の職にあった。

意外にも明治天皇はこの人事に反対した。すでに種臣が六十四歳という老齢であることに加え、「もし大臣在任中に不満をもって職を辞し、野に下って不満分子になるとしたら、もう枢密院顧問官に任じることもできなくなってしまう」というのがその理由だ。それほど股肱《ここう》の臣として種臣を心配していたのである。

結局、その心配は的中する。内務大臣となった種臣は、選挙干渉によって険悪になった自由党幹部とたびたび会合して官民の融和につとめた。しかし内務次官の白根専一はこれが不満でならず、大臣と次官はことあるごとに対立した。結果、種臣が辞意を漏らしたため、松方首相は仕方なくこれを認めたのである。内相就任からわずか三カ月目のことであった。天皇は種臣が野に下り不満分子になる前に、すぐに彼を再び枢密院顧問官に任じた。

かくして種臣は死の前年まで同職にあり続け、翌明治三十八（一九〇五）年一月に七十六歳で死去した。二月六日、棺は自宅の千駄ヶ谷村原宿から青山墓地に運ばれ、神式で葬儀が執行された。棺を墓地まで運んだのは、なんと常陸山が指揮する二十人の力士たちであった。生前、種臣が希望したのである。

種臣は相撲好きで、大達という力士に毎月百円の手当を与え、三百円もする化粧まわしも買ってやった。このため副島邸には本場所のときには多数の力士が出入りをしていたという。明治十七年に大火があり、種臣が住む越前堀の借家近くにも火が迫ったが、このとき四十人の力士がはせ参じ、近くの池の水を汲んでは屋敷にかけたので被害を免れたのである。副島種臣――なんとも不可思議な明治の顕官であった。

板垣退助

いたがき・たいすけ　一八三七〜一九一九

六十代で政治の第一線から退く

板垣退助は自由民権運動のリーダーで、かつては百円札の肖像だったから、その容貌を思い出せる人も少なくないだろう。なかでも「板垣死すとも、自由は死せず」という名ゼリフは、一度くらいは耳にしたことがあるはずだ。

これは、明治十五（一八八二）年四月、岐阜の自由党懇親会で暴漢に襲われ短刀で刺されたときに発した言葉だとされる。ただ、この名言は、近くにいた退助の関係者が叫んだもので、それが誤ってマスコミに伝えられてしまったという説もある。

退助を襲撃したのは、愛知県士族で小学校教師の相原尚褧《しょうけい》という二十八歳の青年で、組織も持たぬ単独犯であった。相原は、政府の御用政党・立憲帝政党をつくった福地源一郎が主宰する『東京日日新聞』の熱烈な愛読者で、民権思想をとなえる退助が許せず、刺殺のチャンスをうかがっていたのだ。

その後、相原は無期徒刑（無期懲役）の判決を受け北海道の集治監に送られ、北海道開発の強制労働に従事させられたが、模範囚だったため憲法発布の大赦で出獄した。相原はすぐに上京して謝罪のため退助のもとに赴き、退助もこころよく面会し「君の行為は国を思う気持ちからやったことだから、俺はとがめるつもりはない。けれど、実行に移す前に俺をよく観察していなかったのは残念だ。そうすれば、国賊でないことがわかったはず。もし今後、俺が国家に対して害ある人間だと思ったときは、また襲えばいい」と度量の広さを見せた。

相原は何度も頭をさげ、「今後自分は北海道の開拓に一生をささげるつもりです」といって辞し、伊勢四日市から汽船に乗って北海道へ向かったが、遠州灘を通過するあたりで消息を絶った。船から海に転落したらしい。

退助が監修した『自由党史』には「相原は板垣に会い、良心の呵責《かしやく》にたえかねて自殺した」とか、「博徒によって金品を奪われ海に投げ込まれた」とか「相原の悔悟を知って襲撃事件の教唆者が秘密を暴露されるのを恐れて口を封じた」といった諸説を列記している。いずれにせよ、なんとも不可解な死である。

退助は、天保八（一八三七）年、高知城下中島町に土佐藩士の乾正成《いぬいまさしげ》の長男として生まれた。乾氏は馬廻《うままわり》をつとめる上士の家柄で三百石を賜《たまわ》っていた。母は藩の中老・林重勝の娘・幸だが、彼女は正成の後妻だった。正成には離婚歴があった。藩主が領内を巡回していたある日、誤って正成の馬が藩主一行の前に飛び出し、泥をはねとばしてしまった。この失敗を悔やんで鬱々とするようになり、精神に異常を来《きた》して女房が逃げてしまったのだ。再婚しても正成の病はおさまらなかったが、退助が誕生してから症状はようやく落ち着いた。

退助は子供の頃から兵学に興味を持ち、これを独学で修得した。幕末になると、藩の上士でありながら郷士と結んで倒幕派の中心となり、戊辰戦争では土佐軍を率いて会津戦争で抜群の活躍をした。そのため新政府から永世禄千石を下賜され、幼なじみの後藤象二郎とともに政府の参議になったものの、明治六（一八七三）年、征韓論にやぶれて西郷隆盛らと下野した。

翌年、退助は下野した参議らと民撰議院設立の建白書を政府へ提出、有司専制を批判し、国会の開設を求めた。建白書は新聞で公表されて多くの人々に感銘を与え、自由民権運動のきっかけとなった。退助は国元に帰って立志社（政治結社）を創設、さらに同じような結社の全国組織・愛国社を立ち上げて激しく政府を攻撃した。

運動の盛り上がりに驚いた政府の大久保利通が、退助と会見（大阪会議）して立憲政体の樹立を約束したため、いったん政府に戻ったが、しばらくしてまた下野し、明治十（一八七七）年の西南戦争では鹿児島県士族との提携による武力蜂起の道も探った。けれど西郷らが敗死すると、武力による政府打倒の不可を悟り、明治十四（一八八二）年、日本初の政党・自由党を創設して総裁となった。

自由党は急進的な共和制（フランス流）を主張し、党盟約第一章には「吾党は自由を拡充し、権利を保全し、幸福を増進し、社会の改良を図るべし」とあり、その目的を達成するため、憲法の制定と国会の早期開設を政府に要求し、立憲政体の確立を目指した。

だが、松方デフレで困窮した自由党員が各地で激化事件を起こしたので解党を余儀なくされた。しかしのちに再び結党され、議会が開かれると、退助は総裁として政府と対立した。

明治二十（一八八七）年、政府が維新の功で爵位を授けると退助に言ってきたとき、なんとこれを断っている。しかし「明治天皇の聖慮だ」と諭《さと》され、最終的に仕方なく拝受したのである。

日清戦争後、自由党は伊藤博文に近づき、第二次伊藤内閣で退助は内務大臣を務めたが、その後、袂《たもと》を分かち、大隈重信の進歩党と合同して憲政党をつくり、明治三十一（一八九八）年、同党を背景に組織された第一次大隈内閣で、退助は副総理格として内務大臣に就任した。が、わずか数カ月で、与党内不一致で同内閣は瓦解してしまった。

旧自由党派は、豪腕星亭の主導により自由党派だけで憲政党をつくり、保守的な山県有朋内閣（第二次）と提携したのである。

この頃より退助は、党利党略による醜い争い、政治家の金権体質、ひどく解散を恐れる代議士など、政治の世界にほとほと愛想をつかすようになった。このため翌明治三十二（一八九九）年十一月に引退を表明したのである。河野広中などは、大隈重信と手を結んで新政党をつくることを強く勧めたが、退助の意志は固かった。時に六十二歳であった。

社会改良家として積極的に行動

ただ、残りの二十年、退助は悠々自適な人生をおくったわけではない。政治よりもっと熱中できるものを見つけて邁進したのだった。その生きがいというのが、社会改良運動であった。

明治三十三（一九〇〇）年三月、退助は西郷従道《じゅうどう》（隆盛の弟）とともに中央風俗改良会を立ち上げ、従道を会長に奉じて自分は副会長となった。

退助が目指す社会改良運動というのは、おおまかにいえば、家庭の改良、自治体の改良、公娼の廃止、小作や労働者問題の改善、といった、社会のさまざまな問題を解決することによって、日本全体をより良くしていこうという非常に幅の広い活動であった。

退助は言う。

「我が国は、裸にフロックコートを身につけているようなものだ」

外圧によって西欧化を余儀なくされ、外を飾ることしかできなかった。だからこれからは、国の内部（社会の諸問題）を整えていこうというのである。

社会を良くするためにはまず、「家庭の改良」から着手することが必要だと退助は説く。

それは「家庭なるものは人類の共同生活の第一段階にして、人は家庭に在りて其智徳を養成し、然る後ちに始めて社会の一員として活動すること」（板垣守正編『板垣退助全集』原書房）ができるからだという。

ところが、日本の家族制度は家父長制という封建制度の悪しき風習が残っており、家族はずっと家長に絶対服従を強いられてきた。これはまるで、専制国家の君主と人民の関係である。だが、すでに我が国では立憲制が確立されている。その仕組みを家庭にも取り入れ、個人の自由を加味するなどして、家長は家族を立憲制下の国民のように取り扱う必要があると説く。

さらに退助は、第二段階としての自治体の改善も主張する。自治体は老年組、中年組、青年組の三組織で構成することとし、村の不良者が出たときは同年齢集団でこれを矯正し、争いも各集団で仲裁する。それでも治まらないときは三組織の連合会を開いて解決すべきだと述べる。また、自治体は常に基金を蓄え、内部の貧者や困窮者に対して救護すべきだとした。

退助は政界引退後、こうした独自の社会改良の考え方を各地を講演して歩き、積極的に新聞などの取材にも応じて国内に広めていこうと努めた。明治三十七（一九〇四）年には、風俗改良会の機関誌『友愛』まで創刊している。

同年、日露戦争が勃発し、国内から百万を超える兵士が出征、多数が戦死したり傷ついたりした。負傷兵のなかには、身体に障害が残り働けなくなった者も少なくなかった。退助は兵士の遺族や身体障害者となった兵士たちを支援する活動も積極的に展開していった。

明治四十（一九〇七）年、退助は長年考えていたことを実行に移した。八百五十人の華族（元大名・公卿、維新の功労者の家柄）に対し、意見書を送ったのである。華族という名称をなくし、さらに爵位の世襲を廃止しようという提案だった。これは政府や世間を驚かせた。板垣は書面で意見に対する賛否も問うたが、回答してくれた華族はわずか三十七名。うち十二名しか賛同者はいなかった。

これより二十年以上前の明治十七年、伊藤博文が中心になって華族令が制定された。大名と公卿に加え維新の功労者も華族とし、公・侯・伯・子・男の爵位を与えて特権的な地位に置いたのである。国会を開設するにあたって華族を貴族院議員とし、国家の藩屏《はんぺい》にするためであった。

この制度が成立したとき、授爵を断ろうとしたことでわかるように、退助は皇室を除いて、国民一般の間に階級という垣根を設けることは四民平等の理念に反すると考えており、なおかつ、そんな華族（爵位）が個人の賢愚にかかわらず子孫に世襲されることに大きな疑問を持っていた。

退助は、刑罰が子孫に及ばないと同様、爵位の恩典も子孫に及ぼすべきではないとして「一代華族論」を主張。天皇と国民とのあいだに華族という特権階級をつくれば、両者の間に溝をつくることになると非難した。

私財を投げ出し、社会問題と取り組む

土佐藩の重職の家に生まれながら、退助の目はいつしか弱者に注がれるようになった。自由民権運動で全国を遊説する過程で、悲惨な人びとの生活を目の当たりにしたのだろうか。あるいは、父親が精神的な病を抱えていたことも、大きいかもしれない。

退助は弱者を救うべく、多岐にわたる活動を精力的に展開していった。

小作を保護する法律をつくれと唱え、公娼を廃止せよと叫び、女性犯罪者の子供を保護する施設を支援し、目の不自由な人から職を奪わぬよう、健常者が按摩になることを禁止せよと主張した。

ユニークなのは「米麦官営論」である。国民の常食である米や麦が投機の対象となり、価格が変動していることを憂い、国家が米麦を管理して国民に安く提供し、生活の心配を取り除くべきだと論じ、「人民の生活の基礎を安固にし、之を保護するは、国家当然の義務」であり、それを「国家に要求するは、其当然の権利に属す」（『前掲書』）と断じたのである。

労働者のストライキについても退助は「労働者の正当防衛」であるとしてこの行為を擁護した。とはいえ、「決して暴力に与《くみ》すること能《あた》はず」（『前掲書』）とあるように、暴力を伴うことには賛成していない。また、鉄道労働者のストライキに関しては、「電車は一の営利事業にあらずして、全く市の公的事業に属し、市民の為めに設けたるものなれば」、「歳暮年頭の時期を撰び、突然罷業を企てて、市民の不利不便を犠牲と為して自家の要求を貫徹せん」と、列車の運行を止めるやり方は良くないと批判している。

普通選挙も否定した。もともと退助率いる自由党は、普通選挙が実施されているフランスの一院制を理想としていたが、のちに自分自身がフランスに遊学したさい、同国の普通選挙が「国家観念なき者と雖、一定の年齢に達する時は、之に選挙権を賦与するが故に、往々極端なる愚民政治に陥」（『前掲書』）り、政治が混乱している状況を見て、考えを改めたのである。

退助は、一家をにない妻子を養い先祖や子孫を思う戸主（家長）にのみ選挙権を与えるべきだと主張した。

人間の平等をとなえ、弱者に優しい社会をつくろうとした退助だったが、社会主義や共産主義には賛同しなかった。社会主義は無競争を生みだし、個人の才能や特技を発揮することができず、勤勉な人を怠け者にする思想だと断じた。個人間や集団間での競争――それこそが、人類を進歩・向上させるのだという信念を持っていたのだ。


よく功成り名を遂げた人間が、余暇と財産を持てあまして慈善事業に走るケースがあるが、退助の場合は単なる金持ちの道楽ではなかった。政府の顕官を辞して以後、自由民権運動からはじまって政治活動、さらに社会改良運動と、退助は己のもてる財産、賜金、寄付金などすべてを投げ出して活動した。

このため家屋敷も手放し、晩年住んでいたのは竹内綱からもらった屋敷だった。部屋が二十以上もある大邸宅だったが、金がないので手入れもできず、すべての部屋が雨漏りするほどだったと伝えられる。

とはいえ、趣味もあった。とくに熱中したのが競馬と相撲だ。

中江兆民は、板垣は政治家としてよりも、むしろ個人としての美しい徳を持っていた近世の偉人であると評価している。

このように退助は後半生、ほとんど政党や政治と関わりを持たず、社会改良会の総裁につき、もっぱら社会問題の解決に力を注いだのである。

大正八（一九一九）年七月十六日、退助は満八十二歳の高齢で歿した。

生前、華族一代論をとなえて世襲制に反対していたため、その子・鉾太郎《ほこたろう》は、亡父の遺志を継いで爵位を受けなかった。

山県有朋

やまがた・ありとも　一八三八〜一九二二

陸軍のトップ、二度の首相から元老へ

山県有朋は陸軍元帥という軍人のトップに立つとともに、二度も総理大臣となって国政をになった大政治家でもある。しかも明治後期からは伊藤博文らとともに元老として日本の政治を陰で操った。

そんな有朋の祖先は、清和源氏多田氏の流れをくむとされ、代々、安芸国《あきのくに》山県郡今田村（現在の広島県山県郡北広島町）に住していたが、やがて毛利氏の臣となったという。

ただ、毛利譜代といっても、山県家は藩内では足軽以下の身分・蔵元付中間（藩庫を管理する下士）だった。

有朋は天保九（一八三八）年閏四月二十二日、萩城下川島村に生まれた。父を有稔《ありとし》、母を松子といった。将来は槍術《そうじゅつ》で身を立てようと少年の頃から稽古に励んだが、やがて吉田松陰の松下村塾で学ぶようになり、高杉晋作らと尊王攘夷運動に励むようになる。高杉が奇兵隊を創設するとこれに加わり、軍監をへて隊長となった。戊辰戦争では、奇兵隊を率いて越後から会津へと転戦。明治二（一八六九）年にヨーロッパを視察、強い衝撃を受けて帰国後は軍制改革を進めた。とくに暗殺された大村益次郎の遺志を引き継いで徴兵令を施行したのは大きな業績だ。

明治六（一八七三）年、初代陸軍卿に就任し、やがて参議（現在でいえば閣僚）も兼ねるようになったが、この前年、有朋は最大の危機に立つ。元奇兵隊士で山城屋和助という御用商人に兵部省の公金を横流しした疑いがもたれたのだ。その金額はなんと兵部省予算の十パーセントを超える額。当時、旧薩摩藩士を中核とする近衛兵（御親兵）が、有朋の徴兵令に反対していたので、横領疑惑がおこると薩摩の桐野利秋や近衛隊長の野津道貫《みちつら》らが有朋に辞職を迫った。司法卿の江藤新平（佐賀藩出身）も薩長閥の増長を憎み、次々と薩長系高官の不正事件を摘発していたから、もし司法省が断固としてこの事件の捜査を進めたら、有朋は獄に繋がれたことだろう。

このピンチを救ったのは、西郷隆盛だった。西郷は有朋の手腕を高く買っており「この男を失ったら軍政は混乱し、徴兵制度の施行も危うくなる」と判断、不起訴を働きかけたのだ。こうして西郷によって命拾いした有朋だったが、西南戦争では、立場上、征討軍を指揮して西郷を討たなくてはならなくなった。皮肉な話である。

参謀本部の設置、軍人勅諭の発布に成功した有朋は陸軍閥を牛耳るようになり、その勢力を背景に政界へと転出。内務大臣のときには警察制度を整備・拡充、保安条例を制定して自由民権運動を弾圧した。また市制・町村制・郡制・府県制などを公布し、中央集権的な地方制度を整えていった。この過程で官僚界にも影響力を持つようになった。

そして明治二十二（一八八九）年、ついに総理大臣の大命が下り、内閣を組織したのである。

ちょうどこのおり第一議会が開かれ、有朋が提出した予算は多数派の民党（政府反対の政党）に反対されて成立しがたい状況になった。すると有朋は、自由党土佐派を巧みに買収してなんとか予算を通過させたのである。その後は法務大臣、枢密院議長、陸軍大臣をへて明治三十一（一八九八）年、再び内閣を組織する。そして社会主義運動を取り締まる治安警察法、政党の軍や官界への進出を防ぐための軍部大臣現役武官制や文官任用令の改正を断行した。

明治三十三（一九〇〇）年十月に首相を辞任して以後、政治家として第一線に立つことはなくなったが、元老となって政界に隠然たる力を持つようになる。このとき六十二歳であった。

政界の黒幕として暗躍

元老というのは、天皇の補佐役である。

といっても、正式な法律や規定があるわけではない。明治天皇が伊藤博文（長州）や黒田清隆（薩摩）に対し「私の諮問《しもん》に答え、国家の大事には私の補佐をしてくれ」という勅を下したのがはじまりだ。具体的には伊藤、黒田、有朋のほか、松方正義（薩摩）、井上馨（長州）、西郷従道（薩摩）、大山巌《いわお》（薩摩）らが元老とされた。彼らは元老会議を開いて次の首相候補を決め、天皇に推薦する。それを天皇が拒否した例はないから、実質的に内閣首班を指名できる権限を有していた。

とくに元老のなかでも、有朋は伊藤と並んで大きな力を有した。ただ、有朋は立憲政友会を創設した伊藤とは正反対に、政党が大嫌いだった。あくまで閥族（官僚閥・軍閥）などの保守勢力が政治をつかさどるべきだと信じていた。

そんなわけで有朋は、明治三十四（一九〇一）年、自分の配下である桂太郎を首相にして内閣を組織させた。桂は長年、有朋が可愛がってきた長州出身の陸軍軍人で、頭脳明晰であるうえ「ニコポン」と呼ばれ、愛想がよく人間関係にたけていた。いずれにせよ、これで有朋の権力も盤石なはずであった。

ところが、である。意外なところから有朋の権力にヒビが入った。

明治三十七（一九〇四）年、日露戦争が勃発すると有朋は元帥として、参謀総長として活躍するが、その裏で桂太郎首相は、「戦後に政権を立憲政友会に譲るから、戦争に全面的に協力してほしい」と立憲政友会の幹部・原敬《はらたかし》らを通じて、政友会総裁の西園寺公望と密約を結んでいたのである。しかもその約束は、有朋に内密とされた。のちに事実を知った有朋は激怒、桂を強く叱責《しっせき》したが、飼い犬が勝手な行動をはじめたことに衝撃を覚えた。

かくして戦後、第一次西園寺公望《さいおんじきんもち》内閣が成立した。政友会総裁の西園寺が首相ゆえ、政党内閣的な性格が強く、憲法の範囲内でという制限はあったものの、社会主義を標榜した堺利彦、西川光二郎らの日本社会党の結成を認めたのである。

この頃、国内では社会主義が流行しはじめていた。そうしたなかで明治四十（一九〇七）年、赤旗事件がおこった。堺利彦、荒畑寒村、大杉栄ら社会主義者が路上で赤旗（社会主義のシンボル旗）を振って逮捕されたのだ。有朋は「こんな事件がおこるのは、立憲政友会の西園寺内閣が社会主義者に甘いからだ」と執拗に天皇に上奏、さらに官僚勢力を駆使して倒閣に動き、西園寺内閣を総辞職させた。

そして再び、桂を総理にすえたのだ。桂に対しては不信感を持ったものの、政党の首班に内閣を組織させるよりはましであったし、内閣の監視役として、腹心である寺内正毅《まさたけ》を陸軍大臣に送り込んだのだった。この時点で有朋は、まだ桂を自分の手のうちで遊ばせておく自信があったのかもしれない。

ところが桂は、寺内をも抱き込むようになり、明治天皇の寵愛をいいことに、自分も有朋のような元老となり、さらには伊藤博文の前例にならって、巨大政党を組織しようという意欲さえ見せはじめた。有朋はあ然とした。

ただ、閥族内閣らしく第二次桂内閣は、風俗を引き締め社会主義の流行に歯止めをかけた。天皇を暗殺しようとしたとして多数の社会主義者を検挙、幸徳秋水《こうとくしゅうすい》をはじめ無実の社会主義者を多数処刑・処罰したのである。これを「大逆事件」と呼ぶ。

その後桂は、情意投合により明治四十四（一九一一）年に再び西園寺に政権をゆずり、自分は翌年、ヨーロッパへと旅立った。西欧の政治状況や中国に対する各国の考え方を探るとともに、新党結成に向けて最新の知識を仕入れるためだったという。しかし明治天皇が崩御したことで、すぐに帰国するはめになった。

このとき有朋は、猛然と暗躍した。他の元老たちを巧みに動かし、桂を内大臣兼侍従長に就任させてしまったのだ。この役職は天皇を補佐するもの。つまり、桂を宮中へ入れて政界から遠ざけたのである。

さらには、桂を陸軍大将から元帥にしようと働きかけた。元帥になるということはすなわち、死ぬまで軍の現役にあるということ。現役の軍人は政党に関与できぬ決まりゆえ、桂が拝命すれば政党を組織するのは不可能になる。なんとも老獪《ろうかい》なやり方だが、さすがに桂はその企みを察して大正天皇の命を固辞した。

陸軍の横暴で世論から非難を浴びる

桂内閣から代わった第二次西園寺内閣は、経済不況に対応するため行財政整理を推進した。緊縮財政をしいて、あらゆる分野の次年度予算を大幅にカットしていったのだ。

対して陸軍は、中国の辛亥《しんがい》革命が植民地の朝鮮半島に影響するのを恐れ、二個師団の増設を強く迫った。が、西園寺は財政上の困難を理由にその要求を拒否した。ただ、それはあくまで今年度に限った話であって「翌年には必ず増設するから」と提案した。けれど陸軍は怒ってしまい、大正元（一九一二）年十二月、上原勇作陸軍大臣に単独で大正天皇に辞表を提出させたうえ、軍部大臣現役武官制を悪用して陸軍大臣の後任を推薦しなかった（陸軍のストライキ）。内閣を困らせて要求を通そうとしたのだ。

ところが西園寺は、あっさり総辞職してしまう。世論が陸軍のやり方に激怒し、西園寺率いる立憲政友会を熱烈に支持したからである。政友会は国民の支持を背景に、閥族と対決して勢力を拡大しようとしたのだ。これに加え西園寺自身が、すでに首相でいることに嫌気が差していたのも辞職の大きな理由であった。

この件で、国民の攻撃に晒《さら》されたのは有朋だった。「きっと陸軍を牛耳っているこの老人が黒幕で、こんな横暴な行動を陸軍にとらせているのだ」と信じていたからだ。

しかし、事実は大きく異なり、有朋は西園寺と妥協しても良いと考えており、彼が辞職するのを引き留めたほどだった。だが、国民はそう思わなかった。このように有朋は、保守勢力に君臨する権力の権化のように見られていたのである。

結局、第二次西園寺内閣の後継は、桂太郎が引き受けた。国民の怒りを恐れて総理のなり手がなく、たびたび元老会議が開かれた結果、政権をになう意欲を見せた桂を三たび登板させるしかなかったのだ。

しかし、世論は宮中に入ったばかりの桂が首相になったため「宮中と府中（政府）の別を乱す」と非難、ジャーナリスト、政党員、弁護士などが「閥族打破・憲政擁護」をとなえ倒閣運動（第一次護憲運動）をはじめた。

対して桂は、議会を停止して衆議院の過半数を超える新政党の結成をはかり、護憲運動に対抗しようとした。けれど、桂のもとに結集したのはわずか九十三人、衆議院の四分の一にも満たない小勢力だった。しかも裏切りを期待した立憲政友会からは一人の参加者も出ず、さらには有朋も部下の官僚が新党に合流するのを裏で抑えたのである。

じつはこの頃、有朋は体調がすぐれず、大正二（一九一三）年一月から小田原の古稀庵（別荘）にこもっていたが、それでも入江貫一などを通じて積極的に政治工作をすすめていた。新党の失敗に加え、大規模な暴動も起きかねない状況になったので、ついに桂は同年二月、在職六十日余りで総辞職した（大正政変）。

第三次桂内閣が倒れると、有朋は古稀庵から東京に戻ってきた。そして桂に会うや「もはや言うべきことはない。ただ、あまりに短慮であったな」と冷たく突き放し、本人に内閣の後継問題について意見を徴《ちょう》した。

桂はかつて内閣の外相をつとめ、新党結成にも積極的に協力した加藤高明を推薦したが、これを聞いて有朋は「そうであるか」と興味なさそうに一言つぶやいただけであったという。桂の意見は黙殺されたのである。

それからまもなく桂は体調を崩してしまう。胃がんであった。がんは急速に桂の体をむしばんでいったが、有朋は手紙でのやり取りだけで見舞いに出向こうとしなかった。同年十月、いよいよ桂は危篤に陥った。そこで有朋もさすがに見舞いに出向いたが、それから数日後に桂は息を引き取った。六十五歳であった。

「なきからを葬りてむといひし君　なにそは我にさきたちぬらむ」

これは有朋が桂の死を悼んで詠んだ歌である。桂は最愛の部下であり、かつて有朋が「私の亡骸を片付けてくれるはずの後輩が次々に鬼籍に入ってしまい、とても心細く感じる」と愚痴ったとき、桂が「私は必ずあなたのあとに死ぬので、心配しないでほしい」と言ったのに、先に死んでしまったことを嘆いた歌である。ただし、有朋の腹心・田中義一によれば、桂の死により、有朋が活気を取り戻したように見えたという。

引退していた大隈重信を首相に擁立

桂退陣後、有朋は元老たちと後継首相の選定に入った。とくに西園寺を元老会議に加え、彼に首相になるよう熱心に説いたが、西園寺はこれを固辞して薩摩出身の海軍大将・山本権兵衛を推薦したのである。有朋は薩摩・海軍閥が政権を握るのは面白くなかったが、今回は言うとおりにした。

こうして組閣に取りかかった山本だが、驚くべきは原敬（政友会の重鎮）と結んで立憲政友会を与党としたことだ。しかも山本権兵衛内閣（第一次）は政友会の要望を大きく取り入れて行財政整理をすすめ、かつて有朋が現職の首相時代に政党の浸透を防ぐために制定した軍部大臣現役武官制や文官任用令を変更・改正し、再び政党に有利にしてしまったのである。有朋にとっては憤懣《ふんまん》やる方のない政策であり、それもあってか有朋は体調を崩し、京都の無鄰庵（別荘）に引きこもった。

ところが大正三（一九一四）年一月、外国製の軍艦や兵器をめぐる海軍にからむ汚職事件（シーメンス事件）が発覚する。山本首相の出身である海軍の汚職に国民の怒りは高まり、憲政擁護会が中心になって倒閣運動が展開されていった。翌月には国会議事堂の周囲を数万人の民衆が取り巻く状況になる。

すると有朋は、自分の息のかかった貴族院議員に働きかけ、貴族院で内閣の海軍関係予算の大幅減額を求めさせた。結果、今年度予算は成立せず、山本内閣は二月に総辞職した。

こうして山本内閣を倒すと有朋はがぜん元気になり、元老会議の中心となって次の首相候補の選定に乗り出した。

だが、大衆の力は国の政治を左右するほど強大なものになっており、首班推薦にはかなり手間取った。元老の松方正義、大山巌、貴族院議長の徳川家達（徳川十六代目当主）、立憲同志会の総理・加藤高明、熊本出身の閥族・清浦奎吾《けいご》などの名があがるが、次々と当人たちに断られてしまった。

そこで最終的に有朋が白羽の矢をたてたのは、大隈重信だった。かつて立憲改進党を創設し、のちに初の政党内閣（隈板内閣）を組織した人物。大隈はすでに政界から引退していたが国民には絶大な人気があった。そんな大衆政治家を利用し、有朋は二個師団の増設と、自分を苦しめた立憲政友会の転落を狙ったのである。すでに大隈は七十六歳だったが、彼を首相に擁立した有朋も同年であった。

こうして大隈内閣（第二次）が成立すると、もくろみどおり、国民は単純に大隈首相の誕生を歓迎した。大隈は立憲同志会（加藤高明が総裁）と中正会（尾崎行雄が政友会から脱党してつくった新政党）を与党に、立憲国民党の閣外協力を得て政権を運営していった。

大正四（一九一五）年には大隈内閣は総選挙で圧勝する。閣僚が応援演説をしたり、大隈の演説をレコードにして流したりするなど、大衆的な選挙戦術によって立憲同志会など与党が立憲政友会に圧勝。政友会は少数野党に転落、また陸軍が求めていた二個師団増設案が議会を通過した。こうして有朋の政治目的が見事に達成されたのである。

翌大正五（一九一六）年十月、あれほど人気のあった大隈内閣が総辞職する。人気急落のきっかけは、大勝に終わった総選挙だった。選挙担当の内務大臣・大浦兼武が、政友会代議士らに選挙前、陸軍師団の増設に賛成させようと賄賂をおくったり、選挙時に立候補を断念させたり離党させたりするため、買収していた事実が発覚したのである。この事件に加え、政府が警察や役人に指示して卑劣な選挙干渉をおこなったことも表沙汰になり、マスコミが内閣批判に転じ、国民も大隈内閣に失望、急速に支持率が落ちていった。

すると有朋は豹変する。己の目的（二個師団増設）を果たしたことで、大隈内閣を援助する必要がなくなった。もともと大隈は閥族批判をかわすために引き出してきた人物で、閥族とは元来正反対に位置する政党人。そんなわけで、有朋は逆に貴族院などを動かして内閣の予算案通過を妨害しようとしたのである。

困惑した大隈は、辞表を提出するという約束を有朋ら元老とかわし、どうにか予算案を通過させた。かくして大隈は首相を降板するが、その際、次期首相をめぐって大隈と有朋との間で最後まで意思統一ができなかった。大隈は与党立憲同志会の加藤高明を、有朋は手下の寺内正毅朝鮮総督を推し、たがいに譲らず決裂してしまったのだ。

すると大隈は、元老の松方正義に「元老会議で首相を決定するのをやめ、加藤を天皇に推薦してほしい」と頼むなどの工作をおこない、それがかなわぬと、天皇への辞表のなかに「私の後継者として加藤高明を推薦する」と記した。首相が後継者を推薦するのは、前代未聞のことであった。激怒した有朋は、元老会議で強引に寺内を次期首相に決定した。

こうして手下の寺内が内閣をつくると、有朋は何かにつけて口出ししようとした。たまりかねた寺内は、あえて有朋と距離を取るようになった。

これを不満に思った有朋は、寺内の政策をあちこちで批判、ついには「あいつにいつまでも首相をやらしておくわけにはいかぬ」と言い、圧力を加えるようになった。そうしたことに加え、米騒動に軍隊を出動させたことで国民から大ひんしゅくを買い、寺内は退陣を余儀なくされた。それからわずか一年後、寺内はこの世を去った。まだ六十七歳だった。在職中から心臓を患っていたが、米騒動に加え有朋との確執が寿命を縮めた可能性は否定できない。

権力に固執し、後継者育成に失敗

桂にせよ、寺内にせよ、有朋はうまく後継者を育てられなかった。というより、あえて後進に権力を譲るという勇気を持てなかったといってよいかもしれない。

そんな有朋が最晩年に大いに期待したのが、新聞記者出身で政党人として長年、有朋ら閥族と対立してきた立憲政友会総裁の原敬であった。原は清濁併せのむことのできる剛胆な男で、大胆な戦略によって巧みに政友会を拡大してきた。

当初、有朋は原をかなり警戒していた。寺内のあと、有朋は西園寺に組閣を打診したが、西園寺は再びこれを固辞して原敬を強く推薦してきた。有朋は政党の政友会に政権をにぎらせたくなかったが、世の中の動向を考え、原内閣を容認した。

原は閣僚を政党人で固める本格的な政党内閣を立ち上げたが、陸軍大臣には有朋の子分である田中義一をすえるなど妥協を見せ、さらに盛り上がる普通選運動を抑えて制限選挙を維持し、選挙で大勝したのち、陸軍などの軍事予算を大幅に拡大したのである。その後も原は、有朋の要望をなるべく容れるかたちで巧みに政権を運営していったので、有朋は原内閣の存続を望むようになった。

大正九（一九二〇）年、有朋は皇太子妃に内定した久邇宮《くにのみや》の娘・良子《ながこ》女王に色覚異常の遺伝子があることを知る。母方の島津家にそうした遺伝があったのだ。すると有朋は、内定を取り消しにすべく、猛然と政治工作を展開したのである。詳しい経緯は東郷平八郎の項目に譲るが、久邇宮がこれを拒み、良子の教育係・杉浦重剛《じゅうごう》が反対の急先鋒となって右翼や世論を動かし有朋を攻撃したことから、逆に有朋が「朝敵」、「不忠の臣」と排斥されるようになる。

事が事だけに山県系の閥族たちも及び腰になり、有朋は巻き返しに失敗してしまう。このため翌大正十（一九二一）年二月、人心を動揺させた責任をとって一切の官職や栄典を辞することを告げ、小田原の古稀庵に引きこもってしまった。大正天皇は有朋を慰留し、結局、引退の考えを引っ込めたが、八十歳を超えて権力から転落したのである。本人も夢にも思わなかったろう。

こうした有朋の窮状に手をさしのべたのは首相の原であった。有朋は非常に感激し、秘書的な役割をしていた松本剛吉に「原はじつに偉い男だ。もし辞表が受理されて一平民になったら、彼と力を合わせてやりたいものだ。原を非難する人もいるが、人格的にも政治的なやり口も、じつに立派なものだ」と褒め称えたという。あれほど政党を嫌った有朋が、最後に最も信頼したのが政党人であったのは何とも皮肉なものである。

けれど、その原敬は同大正十年十一月に東京駅で刺殺されてしまう。有朋は、「じつに残念だ」と涙を流したという。原の死で力を落としたのか、有朋もまもなく体調を崩し、そのまま回復することなく翌大正十一（一九二二）年二月一日に死去してしまった。満八十三歳であった。

有朋は元老として日比谷公園で国葬となった。そのわずか二十日前には同じ日比谷公園で大隈重信の葬儀があり、三十万人の参列者があったが、有朋のさいには席もガラガラで、政界や軍人ばかりで、とても寂しい葬儀だったと伝えられる。

『原敬日記』に、有朋が「人は権力を離れてはならぬ事なり。故に自分も権力を維持する事には力をつくしおるものなり」と述べたとあり、政治権力をこよなく愛し、それを維持するためにはどんな手でも使った。なぜそこまで、有朋が権力に固執したのかがわからない。

これはあくまで推測だが、有朋は家族に恵まれなかった。五歳で母を亡くし、二十三歳で父を失い、妻との間に生まれた三男四女も、一人の娘をのぞいてみな早世してしまい、妻の友子にも明治二十六年に先立たれてしまう。その後は貞子という年の離れた後妻（正式には入籍せず）を迎えたが、二人の間に子供はできなかった。そうしたことも、権力に固執する一因となったのではないかと思われる。

ちなみに、有朋の最大の趣味は、造園であった。有朋は金にまかせてあちこちに別荘をつくったが、その庭園はすべて自らが指揮してつくり上げている。まことに見事なものである。今でも私たちは、東京目白に彼のつくった名庭を目にすることができる。そう椿山荘である。

高橋泥舟

たかはし・でいしゅう　一八三五～一九〇三

在野にあり続けた「幕末の三舟」の一人

高橋泥舟は、勝海舟、山岡鉄舟と並んで「幕末の三舟」と呼ばれた幕臣として知られている。

泥舟は天保六（一八三五）年に幕臣・山岡正業《まさなり》の次男として生まれ、同じく幕臣の高橋包承《かねつぐ》の養子となった。名は政晃。長じて槍術《そうじゅつ》を実兄・山岡静山《せいざん》に学び、安政三（一八五六）年から幕府の講武所で槍術を教えるようになり、万延元（一八六〇）年に幕府の槍術師範をつとめた。

文久二（一八六二）年、泥舟は上洛する将軍・徳川家茂《いえもち》を警固するために随行した。出立に際し泥舟は、幕府の政事総裁職の松平春嶽（越前藩主）に、「将軍後見職である徳川慶喜公に忌憚《きたん》なく意見を述べさせていただきたい」と願い、これを了承させている。そして実際、さまざまな意見を言ったので、慶喜は閉口したという。

将軍・家茂の上洛が決まると、将軍を警固するため浪士隊が組織され、先んじて京都へ向かったが、浪士隊の結成を企画した庄内藩の清河八郎が、朝廷の許可を得て浪士隊を尊王攘夷の魁《さきがけ》とし、攘夷を決行するのだとして勝手に江戸へ帰ってしまった。このため江戸に戻った泥舟は謹慎処分を受けることになった。だがしばらくすると、講武所槍術師範に復帰し、慶応二（一八六六）年には新設の遊撃隊の頭取に任じられた。

慶応四（一八六八）年一月、前将軍・徳川慶喜が鳥羽・伏見の戦いに敗れて大坂城から江戸に戻ってくると、その警固を任された。

このとき勝海舟は、新政府の東征軍を統括する西郷隆盛に、江戸城の総攻撃を中止してもらいたい旨の書簡を認め、これを泥舟に届けてくれるよう依願した。泥舟も海舟同様、徹底的に新政府に恭順するよう慶喜に説いていたからだろう。

だが、泥舟は「慶喜公を警固する責任者として江戸を離れるわけにはいかぬ。代わりに義弟の山岡鉄舟を派遣してほしい」と固辞したので、鉄舟が駿府の西郷に手紙を届け、江戸無血開城への布石を打つことに成功した。

なお、山岡は出立《しゅったつ》にあたり、海舟の指示により薩摩藩の捕虜・益満休之助《ますみつきゅうのすけ》を伴った。このおり泥舟は、休之助に「西郷に伝えてくれ。徳川家には高橋泥舟という小宮山内《ない》膳《ぜん》がいる。もしあなたが慶喜公の謝罪を受け入れず、江戸を攻撃するというのなら、私はあなたに背を見せるつもりはない」と伝言した。

小宮山内膳というのは、甲斐の武田家の臣だったが、あまりにズバズバ物事を言うものだから皆に疎《うと》まれ、ついに主君・勝頼から謹慎処分をくらってしまう。しかし織田信長による武田征伐のとき、窮地に立った勝頼のもとに駆けつけ、必死に主君の楯となって見事な討ち死にを遂げた。まさに忠臣の鑑であった。泥舟はそんな内膳に自分をなぞらえたわけだ。

休之助から泥舟の伝言を聞いた西郷は「嗚呼高橋は幕府の忠臣にして又尊王攘夷の誉れあり、今自ら小宮山に比す、稍《やや》当れりと雖《いえど》も、予を以て之を見れば、其功業小宮山輩の遠く及ぶ所にあらず」（安部正人編『泥舟遺稿』国光社）とほめ、「此に西郷あり、幸に念とすること勿《なか》れ」（『前掲書』）と、慶喜の助命を暗に保証したという。

かくして同年三月十三日と十四日、勝と西郷の会見が江戸でおこなわれ、正式に江戸無血開城が決定、慶喜の助命と徳川家の存続も決まり、やがて徳川家は静岡に七十万石を賜《たまわ》った。このおり泥舟も幕臣とともに駿府へ下り、地方奉行などをつとめた。

明治四(一八七一)年、廃藩置県によって、静岡藩は地上から消滅した。勝海舟と山岡鉄舟は新政府に仕えることになり、海舟は新政府の閣僚、鉄舟は宮中に入って明治天皇の側近となる。

ところが泥舟だけは、新政府に出仕しなかったのである。拒まれたわけではない。その気になれば、泥舟ならば間違いなく新政府に仕えることはできたはず。そしても し登用されたなら、才能のある彼のこと。きっと明治政府の高官にまでのぼり詰めたことだろう。

つまり泥舟は、第二の人生であえて栄達を求めない生き方を選んだのだ。しかも死ぬまでの三十数年間、ひっそりと在野にあり続けた。もちろん、一切政治的な発言は控えた。すなわち、徳川家の滅亡とともに己の存在を消し去ったのである。

欧化に浮かれ、文明開化をすすめる政府に反感

こうした第二の人生を送った理由だが、一つは、攘夷主義者であった泥舟は、明治になって日本が欧化に浮かれている現状に我慢ならず、文明開化をすすめる新政府に反感を持っていたことがあると思う。

「近き頃は我国固有の武道はすたれて、一向に文学世界となり。誰は何々博士。彼は何々学士。など肩書して。さも物識り顔に見ゆれども。其行ひとては。ものしらぬ我等にもおとれるは何事ぞや。嘆くべきことなむありける。（略）道ならぬ行ひしながらも。我こそは文学界中のみやびをなりと。低き鼻うごめかし。ほこり顔なるぞおかし」（『前掲書』）

そんなふうに、泥舟は文学の世界を批判。さらに仏教界についても、こう述べている。

「維新の際朝廷より。肉妻勝手の御達しありてより。やれうれしや。歓ばしやと。たゞちに妻を迎へ。肉を食ひ。児持になれば男子は弟子に仕立。女子には琴三味線よと。師匠へかよはせ。俗人と露かはらず。是にて仏弟子顔なるは。何かいふべきふしもなかりき。肉妻を禁ずるは。素より仏戒にて。昔より朝廷の禁にてはなかるべし。そを道はづれに。勝手などの達しあれば。即時に肉妻の禁を解くは。けんとふ違ひも程があるべし。そが中に禅宗なぞは。座禅とて頻《しき》りに俗人をすゝめ。男女のけしめなく。あぐらをかゝせ。此何々の考案を解せよなど。まじめ顔に教ゆれども。其教ゆる僧等の多くは。独禅にて真の禅機はさとりもせず。夫等の教ゆる人々が。何の能き考への出べきや」（『前掲書』）

政府の肉食妻帯の解禁によって、仏僧がにわかに堕落した現状を歎いている。

だが、そうはいっても、泥舟を政府は放ってはおかなかった。明治初年、山岡鉄舟を通じて、新政府は泥舟に茨城県や福岡県の県令への就任を打診した。しかしながら泥舟は、これをきっぱりと断ってしまった。さらに明治九（一八七六）年、泥舟の来歴を知った伊達宗広も、息子の陸奥宗光（元老院議官）とはかって泥舟を新政府に出仕させようとしたが、これも固辞している。

明治十六(一八八三)年にも、泥舟の門人で元老院議官の関口隆吉が新政府に仕えてほしいと頼んできたことがあった。このときの経緯を泥舟は、『泥舟遺稿』(国光社　明治三十六年)の編者・安部正人に次のように語っている。

関口の依願に対し、泥舟は「今日予をして、国家の為めに尽させしめんとならば、直に宰相の位を得せしむるや否や」(『前掲書』)と放言したのである。すなわち、「政府に仕えさせようというのなら、俺を総理大臣にしてくれ」という意味だ。

あ然とした関口は、「先生のおっしゃるのは、もっともです。しかしすぐに宰相になるのは難しいです。申し訳ございません」と詫びると、泥舟は「難しいことがあるか。直接君が天皇陛下に上奏すればよい。そうすれば、必ず実現するだろう」と言って笑ったのである。

そう、この言葉は冗談だったのだ。しかしこの後、泥舟は己の本音を関口に語る。

「榎本武揚は主君慶喜公の命令に背き、品川から幕府艦隊を脱走させ、新政府軍に抵抗して軍門に下った。なのに、今は政府の顕官になっている。いったいどんな功績があって、あのように偉い立場にいるのだ。私は将軍に恭順を説いて戦争を防いだのに、いまだ恩賞の沙汰もなく、こんなあばら屋で隠者となっている。もし私が数千の部下を率いて庄内藩の酒井左衛門尉や松平権十郎と手を組み、東北諸藩とともに抵抗していたなら、新政府軍に勝利し、幕府の権威を回復できたかもしれない。たとえ敗れたとしても、巧みに人脈を用いて朝廷に取り入り、大臣や参議の地位を得るのはぼた餅を食うくらいたやすいだろう」

この言葉を聞いて、さすがの関口も泥舟に出仕する意志のないことをはっきり悟り、そのまま引き揚げていったという。

富や地位より、矜持《きょうじ》を大事にする生き方

泥舟が政府に仕えないもう一つの理由、それは、徳川慶喜に対する恩義であった。泥舟は、主君慶喜に強く新政府への恭順をすすめた。慶喜はその願いをくみ取って、ただちに受け入れ、隠遁の身となってくれた。少なくとも、泥舟はそう認識した。だからこそ、泥舟も出世の機会を何のためらいもなく捨て去り、「二君に事《つか》えず」という士道を固守しようと決意したのである。富や地位より、矜持を大事にする生き方、

それを自らの意志で選びとったわけだ。

泥舟は、明治になって忍斎という号を改めて、「泥舟」と称するようになる。

それについて彼は、「狸にはあらぬ我身も　つちの船　こきいださぬが　かちかちの山」という歌で説明している。あえて泥の舟に乗って、水の底に沈殿する人生を求めたことがよくわかる。

さらに泥舟は、次のような歌も詠んでいる。


「野に山によしや　飢うとも　蘆鶴の　群れ居る鶏の中にゃは入らむ」


たとえ飢えたとしても、鶴は鶏の群れの中には入らないという意味だ。いうまでもなく鶴は泥舟、鶏の群れというのは、新政府に出仕した旧幕臣たちのことを暗に指している。

泥舟本人は、自分のことを「私は御存知の通り、死人同様の姿で、世の謂《いわ》ゆる毀誉の如きは、一切皮相と打棄て丶居ります」(『前掲書』)と謙遜するが、明治になってからも質素な生活と禅などによる精神の鍛錬を続け、その結果、すばらしい言葉を後世に多く残している。

『泥舟遺稿』に紹介されているうち、いくつかを紹介しよう。

「衣のあかつきて洗はず。器のかけて補はざるときは。人に対して恥る色あり。行ひのあかつきてもあらはず。徳のかけても補はず。独人《ひとり》に対して愧なきは何ぞや」

「蚯蚓《みみず》は内に筋骨の強きなく。外に爪牙の利きもなく。されども深く地中に入。またかはきたる堅き土をも墾《は》りす。是心を一にすればなり。人よく志を一とせば。何事も成らざることなし」

「巧なる詐《いつわり》は拙《つたな》き誠にしかずと。古人もいはれたり。いかに巧に詐りても。こしらへもの故。終にはあらはれぬといふことなし。拙くとも誠に勝ものはあらざるなり」

「世の人。（略）何時とも死して支へなしなどほこりがおにいへる人も見えたり。（略）時に病ることあれば。あはてふためき。遺言などいひて。病癒ゆればまた名誉心に立かへり。日夜に地獄を作り出すぞ愚なり。扨《さて》死支度とて。外になく。生前人道に背かぬ様。万事心がけ。生て神仏に恥なき様。死に到るまで怠らず。たゆまず行ひ遂んこそ。能《よき》死支度にはあらんなれ」

「人生を空敷《しく》過ぎ行。其切幕の。死ぬるといふ役あたりに至りて。忽驚《たちまち》き。あな残りをしきことよ。いま少し死にたくなしなど。あせりくるしみ。うちなげくことこそ愚《おろか》なり」

まさに世を捨て、達観した人間から出た名言であろう。

「大馬鹿だよ。才子じゃできない」

明治三十六（一九〇三）年二月十三日夕方、泥舟は牛込矢来町の自宅で密かに息を引き取った。看取ったのは、家族だけであったという。満六十七歳であった。

勝海舟は、こうした人生を選択した泥舟について、次のように語っている。

「泥舟は、大馬鹿だよ。当今の君子では、あんな馬鹿な真似をするものかい。彼は幼少の時より槍術の稽古などをした様子をきいたことがあるが、稽古となれば、昼夜数日、寝食を忘れて、命かんまずのことを遣つた勢いだからのう。そんな馬鹿者が今の世にあるものかい。だから、彼れは槍一本で伊勢守まで成り上がつたので、一個の武人としては間然する処はないよ。維新の際将軍の守護を托したのも、彼の才子でないところを見とつて、これならばと思うて、まかしたのだが、幸に無事を得た事である。又、彼が旧主と共に、終身世に出でざるの誓をなして、主人を隠遁せしめ、自からもその誓を守つて、彼自身は赤貧に甘んじ、豚の真似をして居るのは、迚も才子じゃ出来ない。実に馬鹿々々しい。そこで俺は、彼を馬鹿と云ふのだよ」（頭山満著『幕末三舟伝』大日本雄弁会講談社）

なんとも江戸っ子らしい言い回しだが、馬鹿者と泥舟を呼ぶ勝海舟の言葉のなかに、泥舟に対する最大の賛辞が含まれていることがわかるだろう。

第2章

生涯現役を貫いた人びと

前島密

まえじま・ひそか　一八三五～一九一九

幕臣の養子から、明治政府の官僚として出世

江戸時代の飛脚制度にかわって、明治四（一八七一）年、官営の郵便制度がはじまった。イギリスを参考にした制度で、全国均一の安い料金で書簡や品物を送り届けるシステムだ。こうして各地に郵便局が生まれ、郵便切手や郵便ハガキが販売されるようになった。翌年にはポストも設置され、明治十（一八七七）年には万国郵便連合にも加盟した。わずか数年で全国に新しい通信網が広まったのだ。

この制度を確立し、「郵便の父」と呼ばれているのが前島密である。日本史の教科書にはすべて紹介されている人物だから、知らない人はまずいないだろう。現在の一円切手も密の肖像だ。

前島家は、幕臣の家柄である。京都見廻組に属していた前島錠次郎が、老母を残して死没したとき、養子としてこの家を継いだのが退蔵、すなわち密であった。

ただし、密はもともと武士の出ではない。天保六（一八三五）年に越後国頸城郡下池部村（現在の新潟県上越市）に、豪農の上野助右衛門の子として生まれている。農民といっても上野家は、苗字帯刀を許された名家で、酒造業も営む富家でもあった。密は、助右衛門の後妻・てい（高田藩士伊藤源之丞の妹）の長男で、二十数歳離れた異母兄の又右衛門がいた。

父の助右衛門は密がまだ七カ月のとき亡くなってしまい、ために上野家の家督は又右衛門が継いだ。このため、ていは密を伴って上野家を出ることになる。幼少期は母の手一つで育てられ、十歳のとき、越後国高田の儒者・倉石侗窩《どうか》に学ぶようになった。そして早くも十三歳のとき、密は江戸へ遊学し、官医の浜田玄斎、洋式砲術家の下曽根信之、兵学者の槇徳之進などについて、医学や英学、航海術などを貪欲に学び、全国を周遊して新知識の獲得につとめた。親族に学費を出してもらえなかったため、必死に働いて自弁したと伝えられる。

やがて薩摩藩に招聘《しょうへい》されて英学を講じるようになり、さらに、前島家を継いで幕臣となったのである。優秀だったので開成所（幕府の教育機関）教授に抜擢されたが、幕府瓦解後は、前将軍・徳川慶喜にしたがって静岡へ移り、静岡藩の重職たる留守居役や遠州中泉奉行を歴任した。

だが明治二（一八六九）年十二月になると、密は民部《みんぶ》大蔵少丞《しょうじょう》・郷純造《ごうじゅんぞう》の推挙によって、明治政府に出仕することになった。

はじめは民部大蔵省九等という低い地位にあり、改正掛勤務を拝命し、大隈重信の命で鉄道敷設の費用内訳計画書「鉄道憶測」を作成したことが大きく評価された。そして翌年には、租税権正《ごんのかみ》に抜擢され、税法改革を担当し、さらに駅逓《えきてい》権正の兼務を命じられた。駅逓というのは、水陸運輸駅路を統括する組織で、つまり密はそのリーダーとなったのだ。

そして、冒頭に述べたように郵便制度を立案、その年のうちに構想を実行に移していったのである。その後は駅逓頭、駅逓局長、駅逓総官として郵政・運輸・通信行政の中核をになった。明治八（一八七五）年には郵便為替制度と郵便貯金制度を立ち上げている。

この頃より、郵政業務は内務省へと管轄が移り、密も駅逓頭と内務大丞を兼任、明治九年には内務少輔《しょう》に昇任、内務卿で上司の大久保利通の信任を得てさまざまな政策を進めていった。

三菱の岩崎弥太郎を保護して政商となし、日本の海運を発展させるべきことを大久保に了承させたのも密であった。

残念ながら大久保利通は明治十一（一八七八）年に暗殺されてしまったが、密は明治十三年に内務大輔《たいふ》（次官）にのぼり、翌明治十四年、これまでの功績を称えられ、勲三等旭日中綬章を賜《たまわ》った。おそらくこのまま政府にいれば、密は内務大臣など大臣クラスの閣僚になったのは、ほぼ確実であったろう。

官僚を捨てて、校長へ転身

ところが、である。

明治十四（一八八一）年十一月、密はにわかに役人を依願退職してしまったのである。

このときまだ四十六歳であり、さすがに隠居には早すぎる。じつは同年、参議の大隈重信が伊藤博文ら薩長閥に政府から駆逐された。世にいう「明治十四年の政変」だ。大久保亡きあと、密は大隈と親密な関係を築いたので、この政変により、大隈派だった密は、郵政事業における心残りはあったろうが、河野敏鎌や小野梓らとともに野に下る決意をしたのである。

大隈は翌年、国会が開設されるのに備え、立憲改進党という政党を立ち上げた。このとき密も改進党に参加して党の幹部となった。ただ、反政府を標榜する政党に加わったことで、密の子供たちは「謀叛人の子」と近所の子たちにいじめられたという。前島邸のある永田町界隈は政府の役人の屋敷が集中していたからだ。そうしたことや心機一転の意味もあり、密は自邸を岩倉具視に売却し、その代金をもとに小石川区関口台町へ移った。

ただ、政党の活動にはあまり熱心ではなかった。興味がなかったのだろう。むしろ、大隈が創建した東京専門学校（早稲田大学）のほうに強い関心を持つようになり、評議員となって学校の運営に関わるようになった。そして、校長をつとめていた大隈英麿《ひでまろ》が、明治二十（一八八七）年に辞任すると、なんと密は、自ら大隈に頼み込んで東京専門学校の校長職につかせてもらったのだ。

高級官僚から教育職への意外な転身であった。

当時、東京専門学校の経営はかなり苦しかった。とくに大隈が野に下ってからは、「謀叛人を養っている学校だ」など、でたらめな噂を立てる者もいた。そのため、大隈個人が相当額、学校の運営費を補助してようやく成り立っている状況であった。

しかし、これではいけない。「学校が本当に学問の独立を果たすためには、独立自営の必要がある」そう密は信じ、学校評議員の高田早苗（後の早稲田大学学長）とともに大隈のもとへ出向き、同家からの財政支援を思い切って断り、授業料を大幅にアップしたのである。もちろん、それだけで学校の経営を切り盛りするのは難しく、大金を借りたこともあった。

たとえば横浜の平沼専蔵という富豪に二千円借りていた。その金がとうてい返せないとわかると、密は直接平沼の邸宅に学校関係者を伴って出向き、渋る平沼を必死に説き伏せて、ついにその半額を寄付させることに成功した。こうした苦労を重ねて、ようやく東京専門学校の経営状態は安定していった。

校長としても教育活動に熱心で、学生たちに向かって話をすることも度々あった。なかでもユニークな講話が「国語独立論」であろう。

密は学生たちに次のように語った。

「学問は、その国の言語をもって教えたり学んだりするものである。外国の言語を知らなくては学問が出来ないというのは外国学問の『奴隷』であり、真に独立しているといえない。だからたとえ外国の言葉であっても、日本語で訳せるものはこれを和訳すべきだ。私たち日本人は長いあいだ、漢文を尊び、国典国史を記すにも漢文を用いてきた。なんと残念なことであろうか。日本には仮名文字があるではないか。漢字など廃して仮名文字をつかうべきである。それに近頃は、西洋の文物を知りたいがために、英語を学ぶ者が急増している。甚だしいのは、森有礼《もりありのり》のように英語を母国語に変えようと主張する人物さえいる。まったく情けない限りである。学問の独立とは、国語の独立なのである」

漢字廃止論者、それが、前島密であった。これは急に思いついた考えではない。彼が漢字を廃して仮名文字を使うべきだと思い立ったのは、まだ十八歳のときのことだった。五歳の甥・泰助に絵草紙と三文経（漢文の本）を教えたが、仮名ばかりの絵草紙はすぐに理解できたが、漢文はさっぱり理解してくれない。必死になって理解させようとしたら、泣きそうになってしまった。

「漢文を子供に強いることは、大きな害になる」

そう思い立ったというのである。その動機にはいささか驚くが、一度思い立ったら、その主義を貫き通すのが密の性格であり、以後、新政府にも漢字の廃止をたびたび提言した。たとえば密は明治五（一八七二）年、欧米社会における新聞の果たす役割を知り、『郵便報知新聞』の創刊に尽力したが、その翌年には、持論にもとづいて『まいにちひらがなしんぶんし』を発刊した。この新聞は仮名文字だけで記されており、当時としては斬新な試みといえた。

五十三歳で官僚へ復帰

校長職を熱心につとめた密だったが、明治二十（一八八七）年になると、新設された私鉄・関西鉄道会社の社長に就任する。会社は翌年正式に発足し、草津－四日市間での鉄道建設をはじめた。そう、今度は実業家の道を歩みはじめたのである。

ところが、である。密は社長の地位をあっさり降り、さらには東京専門学校の校長の職も去ってしまう。

まことに意外だが、再び官界へ戻ったのだ。

この三年前、逓信省が新設された。通信分野とともに、密が基礎を確立した郵便事業も同省の管轄となった。そんな逓信省の初代大臣をつとめたのが、密と同じ旧幕臣・榎本武揚であった。榎本はまだ道半ばだった郵政事業を完成させるため、密にぜひ政府に戻り、逓信次官についてもらいたいと懇願してきたのである。

当時、郵政分野では、新聞・雑誌の発送と小包の発送をどうするかが大きな問題になっていた。さらに、逓信省の管轄として新たに開始する電話事業を、官営にするか、民営にするかで論議が始まっていた。

かくして密は、逓信省の次官として政府に復帰する。五十三歳であった。

在任中は、郵便局と電信局を合併して郵便電信局や郵便電信学校をつくったり、電話事業を官業として成立させたりするなどの功績を残し、三年後の明治二十四（一八九一）年に退職した。榎本の後任となった後藤象二郎大臣がかつて自由党の重鎮だったこともあり、意見が合わなかったからだという。本当はもっと前に辞表をたたきつけたかったのだが、電話事業に道筋がつくまで我慢していたのだ。

短気で負けず嫌いの雷男

とにかく、密は短気であった。

「男爵（密）の短気にして疳癪《かんしやく》持なる事は最も有名周知の事実なり。一朝天測を誤らんか、晴天の霹靂飛閃して俄然、厳粛冒し難き雷鳴轟き、煙草盆飛び植木鉢飛ぶの修羅場と化す。斯《かか》る際は来客たると夫人たると、令嬢たると将又《はたまた》書生、女中、車夫、下男、植木屋に臻《いた》る迄一同戦々恐々胆《きも》を寒からしむ」

（『鴻爪痕―前島密伝』財団法人前島会 大正九年）

とあるように何か気に入らないことがあれば、誰にでもどこにでも雷を落とし、手当たり次第にモノをぶん投げた。

それだけではない。異常なほどの負けず嫌いでもあった。

たとえば自邸に空き巣が入ったことがある。すぐに密は盗難届を出したので、数日後、芝警察署から「盗人を逮捕したので盗品の確認にきてほしい」との連絡が入った。そこで密は書生を遣わした。だが、いつまで経っても戻ってこない。

ようやく夜に帰ってきた書生がいうには、「盗難届の中に届け出のない品物がたくさんあるが、どうして漏れているのか」と警察に厳しく質問されたので、「当時、かなり狼狽していたので、届け漏れがあった」と弁解し、その旨を書類に記したら、ようやく夜になってすべての品を下げ渡してくれることになったと密に報告した。

するとみるみる密の顔色が変わり、書生を大声で一喝したのち、「狼狽とは何事ぞ！　俺は盗難ぐらいであわてたりせぬわ。誤解されるのは面白くない。すぐにこれから警察署へ戻り、狼狽の二文字を取り消してこい。そもそも盗難を予期して品物を取り調べて置く人間がいるわけがないだろう！　届け漏れがあるは当然だ。それを調査し、調べる機関がおまえたち警察なんだ。そう言ってこい！」と厳命したのである。

こんな性格だから、人ともよくぶつかった。そういった意味では、嫌いな後藤象二郎という上司のもとで一年半も我慢し続けたのはすごいことだったし、それだけ郵政事業や電話事業にやりがいを感じていたのだろう。

電気を神の如く崇拝

電話事業に関わったことで、密は電気学会（明治二十一年創立）の副会長となるが、この頃から電気の魅力にとりつかれるようになる。というより、電気そのものを神の如くあがめるようになったのである。と言われても、よく理解できないだろうから、密が自伝に書いた一文（電気の美的形象）を紹介する。

「嗚呼偉なる哉《かな》、電気の力、神なるかな其徳、（略）万里の遠信以て通すべし、或は光明灼燿闇黒を照し、円転疾徐其機に応じて工作を利す其力偉にして実に大也（略）其功之を何とか言はん、只是れ神と称せんのみ」

このように密は、電気の効用をほめたたえて崇敬し、そんな電気を「神徳に感じ、これを人格化して其形象を美的に描き、以て崇敬賛美せんと欲」し、電気を美しい人の姿に描いてみたいと願うようになる。

するとある日、「夢幻の間に（略）白衣観世音の像に似て慈眼衆生を視るの相を具し、而も端然凜乎侵すべからざる威厳を蔵し、其右掌は天に承けて化育の霊機を載せ、左掌は地に伏せ生を愛撫するの状を標せる一婦人の眉間より屈曲光線を発射」する姿を見たのである。そこで密は、その記憶を友人の西田春耕に詳しく語り、実際に描かせてみたのである。しかし、それは満足のできる出来ではなかったという。

ここまで電気を崇拝するのは珍しいし、少々、思い込みが激しすぎる気もする。

いずれにせよ、野に下った密は、その後も東京馬車鉄道会社、北越鉄道会社、韓国京釜鉄道会社、日清生命保険株式会社、東海汽船会社などの社長・取締役や理事、監査役をつとめるなど実業界で活躍、さらに帝国教育会や盲学校、日本海員掖済会を積極的に支援・育成した。

そうした功績により、六十七歳の明治三十五（一九〇二）年に男爵を授けられて華族に列せられ、明治三十七年には貴族院議員となった。

しかし七十五歳になった明治四十三年頃から何事をするのにも物憂くなってきた。そこで貴族院議員を辞職し、次々と会社などの役職も辞任し、その年に保養のため九州周遊旅行をした。その後は神奈川県三浦郡蘆名（現在の横須賀市芦名）の地に山荘を求め、翌明治四十四（一九一一）年からはこの地で作庭などを楽しみながら静かな暮らしを送り、大正八（一九一九）年に満八十四歳で大往生を遂げた。

北里柴三郎

きたさと・しばさぶろう　一八五二〜一九三一

六十一歳で自分の城を明け渡す

大正三（一九一四）年十月五日、北里柴三郎は一木《いちき》喜徳郎《きとくろう》文相から呼び出しを受け、「伝染病研究所を内務省から文部省の所管に移し、東大医学部に付属させる予定である」と告げられた。研究所所長の柴三郎にとっては、まさに突然の、衝撃的な通告であった。

北里柴三郎は、嘉永五（一八五二）年に現在の熊本県阿蘇郡小国町で生まれた。明治十六（一八八三）年に東京帝国大学を卒業したあと、明治十九年から六年間ドイツに留学して細菌学を熱心に研究し、世界で初めて破傷風菌の純粋培養に成功した。こうした業績を上げたので、ケンブリッジ大学やペンシルバニア大学などは、柴三郎を自校へ招聘《しょうへい》しようとしたが、彼はその招きを断ってまで日本に帰国した。それは柴三郎が、日本の伝染病予防に寄与しようという強い使命感を持っていたからである。

しかしながら当時の日本には、彼の仕事場というものが存在しなかった。そこで柴三郎は、政府をはじめとする公的機関に伝染病研究の重要性を熱心に説き、伝染病研究所の設置を強く訴えたが、なかなか実現の見込みが立たず、ついに途方にくれる始末だった。

そんな窮状を救ってくれたのが、なんとあの福沢諭吉であった。福沢は柴三郎のために、私財を投じて伝染病研究所を設立し、さらに政府にかけあって、研究所を公的な機関に昇格させてくれたのである。以後、伝染病研究所は、内務省の管轄下に入り、赤痢菌の発見、ペスト菌の発見など、めざましい成果をあげていった。

ところが先に述べたように、二十年以上内務省の管轄下にあった研究所を、時の大隈重信内閣（第二次）は、所長の柴三郎に何の相談もなく、行財政整理の一環として文部省に移管することに決めてしまった。

柴三郎は、このときすでに六十一歳であったが、東大に付属させるという話を聞いた瞬間、激しい怒りを覚え、研究所所長の職を捨てる決意をした。

伝染病研究所の目的は、伝染病の原因を探求し、その予防と治療法の開発にあたることにあった。だから、教育を第一目的とする大学とは相容れない。にもかかわらず、政府の都合によって東大の付属にされることに、柴三郎は我慢ならなかったのである。

許せない理由は、もう一つあった。

かつて、東大教授の緒方正規が脚気菌《かっけきん》を発見したと公表した際、柴三郎は、その存在を明確に否定した。柴三郎の見解のほうが正しかったのだが、それ以来、東大医学部と柴三郎の間には確執が生まれていた。

当時の東大医学部長青山胤通《たねみち》は、時の総理大臣大隈重信とたいへん親しかった。それゆえ、青山が伝染病研究所を東大医学部に付属させるよう、強く大隈に働きかけたのではないかとするきな臭い噂も立った。

真偽のほどはわからないが、柴三郎としては東大の傘下に入ることをどうしても許容できなかった。かくして柴三郎は、長年にわたり自分が育てあげた伝染病研究所を去ることにしたのだ。

普通の人なら、こんな無茶な決断はしないだろうが、弟子の北島多一は次のように柴三郎の性格を語る。

「先生位剛情で、他人に負けることの嫌ひな人は恐らくなかつただらうと思ふ。（略）それがために一方には非常に崇拝者も出来、又一方には敵も出来た所以でありまして、始終剛情で通した方で、これが伝研（伝染病研究所 ※著者注）の移管問題にも顕はれたのであります」

（宮島幹之助・高野六郎編『北里柴三郎伝』北里研究所 昭和七年）

とあるように、その気質から言って、どうしても柴三郎は政府や文部省に屈することができなかったのである。

のちに柴三郎は当時を回顧し、「我城（研究所）を突如として他人に明渡すについては無量の感慨を禁ずる能はざる次第」（長木大三著『北里柴三郎』慶應通信）と述懐している。きっと身を切られる思いだったはずだ。

研究の継続を決意し、私設研究所を設立

伝染病研究所を去るにあたり、柴三郎は全所員に対して、「あなたたちは前途有望な若者たちである。進退については慎重に考え、これからも国家のため、学問のため努力してほしい」と告別の辞を送り、暗に伝染病研究所に残るよう勧めている。

ところが、所員たちは全員、柴三郎のあとを追って辞職してしまったのである。国家の研究機関の構成員という安定した職を惜しげもなくなげうって、野に下ったのだった。すなわち彼らはみな、研究所のためではなく、柴三郎のために働いてきたのだ。ここに、北里柴三郎という人間の魅力を、私たちははっきり見ることができる。

この事態を知った青山は、「北里は、良い弟子を持った」と感嘆したと伝えられる。すでに老齢の柴三郎は、辞職後は引退しようと考えていた。けれど、所員の総辞職という現実に勇気づけられ、彼らとともに医学研究を継続することを決意、その年、私設の北里研究所を立ち上げた。

大正三（一九一四）年十一月、研究所の設立にあたり、柴三郎は次のような声明を公表した。

「不肖（私）は茲《これ》に奮然起《たち》て新に私立の研究所を起し、其の研鑽を継続せんとす。蓋《けだ》し是等研究機関の独立は時勢の要求にして、彼のパスツール、コッホ、リスター、エールリッヒ、ロックフェラー研究所の世界に重きを為す所以《ゆえん》、及び近時ウィルヘルム皇帝学院、カーネギー学院等の設立を見たる所以亦《また》実に茲に存し、不肖等の事業が教育の府と何等関係なく、専心一意之に没頭せざるべからざるを教示するものなり。不肖豈《あに》奮励一番せざるべけんや。加ふるに今や不肖の旧僚友助手十数名は連袂《れんべい》辞職し来りて、不肖に協力せんことを誓へり。因て不肖は其の企図を永遠にし、其の基礎を鞏固《きょうこ》にせんが為、其の組織を社団と為すこととせり。斯《かく》の如くして始めて、学問の独立と権威とを維持し、以て不肖の素志を確実に貫徹するを得んか。茲に聊《いささか》所信と希望とを披瀝して、北里研究所設立の趣旨を開陳すること爾り」（『前掲書』）

あたかも政府に対する宣戦布告のようであった。

そして、研究所設立のために三十万という巨額の資金を自ら投じ、芝区白金三光町に研究所の建築をはじめた。これを知った柴三郎の弟子や仲間たちが多額の寄付金を寄せ、結果、翌大正四年十一月に敷地面積二千五百坪、建物七百七十坪の研究所が完成した。

翌月の開所式にはなんと二千人もの人々が集まり、盛大なセレモニーが執行された。

参加者には清浦奎吾《けいご》、原敬《はらたかし》、後藤新平など錚々《そうそう》たる顔ぶれがあった。いずれも伝染病研究所を文部省の管轄にした政府のやり方を罵倒し、会場は大隈内閣打倒集会のような観を呈したと伝えられる。

研究所の経費は年間五十万円ほどかかったが、狂犬病、チフスや麻疹、天然痘、コレラなどの予防の研究をすすめ、各伝染病の血清やワクチン等を製造・販売し、さらに講習会等を開くことでまかなうことができた。周知のように、やがてこの北里研究所は、さらに現在の北里大学病院へと飛躍的に発展し、多くの患者の命を救うことになるのである。

慶応義塾大学医学部の創設に尽力

大正六（一九一七）年、柴三郎は請われて慶応義塾大学の医学部の創設に関わることになった。いうまでもなくこれは、故福沢諭吉の恩に報いるためであった。

先の北島多一は「北里先生は恩人や世話になつた人に対する礼の厚き方でありました」（『前掲書』）と述べているように、福沢諭吉が脳出血で倒れたときは、すぐに駆けつけて自ら主治医を選び、当直医を指名するなど治療態勢を整えている。いったん回復したときにはまるで我が事のように歓び、再発した際はずっと詰め切って看護したのだった。

すでに福沢の生前から、柴三郎は慶応義塾内に医学教育機関の設置をすすめていた。研究所が文部省の管轄になることは嫌ったが、医学知識を広く一般に広める必要は感じていた。だから柴三郎は、一般向けの伝染病予防や健康法の本も書き、よく「学識というのは広く世間に広めなくてはいけない。学術と生活の媒介者が学者の役割だ」と述べていた。

そうしたこともあって、時の塾長・鎌田栄吉は、医学教育機関の新設を決意、その計画を柴三郎にゆだねたのである。

そこで柴三郎は、予算百万円で医学部の新設計画をすすめた。ちょうど四谷区信濃町の陸軍用地が手に入ることになったが、大戦景気による物価の高騰で予算額は三倍に膨らんでしまった。しかし寄付や借款によってなんとかこれをしのいだ。皇室からも三万円が下賜《かし》されたので、教育施設に加え、付属病院も併設することができた。

校舎と病院が完成した大正九（一九二〇）年十一月、開校式が挙行された。時の総理大臣・原敬も来賓としてやってくるなか、慶応義塾大学医学部長となった柴三郎は、「予は福沢先生の門下では無いが、先生の恩顧を蒙《こうむ》つたことは門下生以上である。故に不肖報恩の一端にもならんかと、進んで此の大任を引き受けたのである。我等の新しき医科大学は、多年医界の宿弊たる各科の分立を防ぎ、基礎医学と臨床医学の連繫を緊密にし、学内は融合して一家族の如く、全員挙《こぞ》つて斯学の研鑽に努力するを以て特色としたい」(『前掲書』)と挨拶した。柴三郎自身も感無量だったろう。

柴三郎は、医学部の教授陣に北里研究所の北島多一、志賀潔、秦《はた》佐八郎といった日本を代表するすぐれた研究者・医者をあて、みずから陣頭に立って最先端の医学教育を学生にほどこした。しかも、医学部長としての報酬は一切受け取らなかったのである。

多くの人に慕われて大往生

医学部長として慶応義塾大学医学部に力を注いできた柴三郎だったが、大正十四年、突如、辞意をもらした。長男が、妻がいるにもかかわらず、若い芸者と恋仲になり、湖に身を投げ心中をはかったのだ。芸者は溺死したが、幸い、長男は命を取り留めた。マスコミにはかっこうの醜聞だった。息子のしでかしたことだが、柴三郎は責任を取ろうとしたのである。

だが慶応義塾の関係者は、辞意を撤回してもらうべく慰留につとめた。しかし柴三郎は辞めるといって聞かない。やがてこの噂は学生たちにも漏れた。すると医学生たちは全員が校庭に集まって「北里先生留任懇願の会」を開いて代表者十一名を選び、直接、北里邸へ押しかけ本人に直訴することにしたのである。

柴三郎は、やって来た学生たちを客間に招き入れた。すると学生の一人が「親爺は本当に辞職されるんですか」と尋ねる。柴三郎がうなずくと、「本当ですか。どうしてもですか」と聞くので、柴三郎は「俺も男だ。嘘は言わん。この不始末は教育者として自決の外に途はない」と断言した。

すると学生は「おやじは不人情です。一人の息子ばかりが子供だと思つてゐますか。第二の我々子供はどうなつてもい丶と云ふんですか。（略）親爺に去られて我々は一体明日からどうすればい丶んですか。学校には幾百人の同志が我々のよい返事を待つて居ます。留任すると一言云つて下さい、言つて下されなければこの十一人は死んでも此処を去りません。どうしておめおめと同志に会はせる顔がありますか」（『前掲書』）と訴えた。

続いて別の学生が「医学部大会で、あんたが入学した以上は自分に信頼して、学校の内輪の事なんか心配しないで勉強してくれ、大船に乗ったつもりで居てくれと言ひなはりましたことを、今も尚判然と覚えて居ります。又今が今まで……先生の両袖に縋つて……私どもは……今は……誰を……たよりに……」（『前掲書』）と、そこまで言って、この学生はついに泣き出した。

情にもろい柴三郎はこの姿を見て「俺も此年まで色々の事件に遭遇して来た男だ。時には政府を向ふに廻して戦つて来た。然し今度といふ此度はお前達に負けた。よし留任する」（『前掲書』）と潔く前言を撤回し、慶応に残ることを決めたのだ。

するとすると学生は狂喜して十一人が一斉に柴三郎に抱きついた。驚いた警備の書生が、柴三郎が乱暴されたのかと飛び込んでくるくらい、激しい抱擁であった。

この一事をもって、いかに柴三郎が人望に厚い人物だったかがわかるだろう。

それから柴三郎は六年の月日を生きた。

まったく健康で精力的だった。親分肌でバンバンと金を使い、人々を支援し、自分も楽しんだ。児孫のために美田を買わずではないが、大盤振る舞いの人であった。

同時に弱者のために尽くした。

済生会は、明治天皇が医療によって生活困窮者を救済しようと明治四十四年に創設した組織である。大正四年には芝区赤羽町に済生会病院が建設されたが、柴三郎はその院長を引き受け、一切の報酬を受けることなく、貧しい人々を救い続けた。

さらに医師の連合体である大日本医師会（現・日本医師会）を創設して、初代会長に就任するとともに、公衆衛生や健康保険制度の実現に尽力した。

生前、柴三郎は貴族院議員に勅任され、さらに男爵に叙され、昭和六（一九三一）年、満七十八歳で死去した。

突然の死であった。前日まで何の変化もなく、翌朝、なかなか起きてこないので家族が寝室に様子を見にいったところ、すでに息を引き取っていたのである。まるで眠っているように、ふとんも着衣も乱れていなかったという。見事な大往生だった。

東郷平八郎

とうごう・へいはちろう　一八四七〜一九三四

閑職から連合艦隊司令長官へ

東郷平八郎は、吉左衛門実友の四男として弘化四（一八四七）年、鹿児島城下の下加治屋町に生まれた。下加治屋町からは維新の英傑が多数輩出している。代表的な人物として二十歳年上の西郷隆盛、十七歳年上の大久保利通、さらに日露戦争で陸軍を統括した大山巌《いわお》がいる。

戊辰戦争では、平八郎は軍艦春日に乗り組み、蝦夷地までいって榎本武揚の旧幕府艦隊と戦っている。明治四（一八七一）年にはイギリスにわたり、商船学校で蒸気船の操縦などを学んだ。帰国後の明治十一年には軍艦扶桑の乗組員となり、以後、三十代を軍艦の副長や艦長として海上で送り、明治十九年に海軍大佐に昇任。明治二十四年に巡洋艦浪速《なにわ》の艦長となり、その地位のまま日清戦争をむかえた。

緒戦の豊島沖海戦において、多数の清国兵を輸送していたイギリス船を撃沈したが、平八郎に法的な非はなかったので、国際問題にはならなかった。翌年、戦争の功績により少将となり、常備艦隊司令官、陸軍大学校長などを歴任。明治三十四（一九〇一）年十月、五十三歳の平八郎は舞鶴鎮守府（海軍基地）の長官となる。これは引退を控えた軍人の閑職であった。

ところが日露の衝突が間近とされた明治三十六（一九〇三）年十月、常備艦隊司令長官に転出する。この職は、戦争になれば連合艦隊の司令長官となる立場である。海軍の重鎮・山本権兵衛の推薦だったという。同年十二月末、日本海軍は第一・第二・第三艦隊を編制し、第一・第二艦隊をもって連合艦隊とし、平八郎が正式に連合艦隊司令長官についた。

明治三十七（一九〇四）年二月、ついに日露戦争がはじまった。戦いでは陸軍の乃木希典の協力もあってロシアの太平洋艦隊を全滅させたものの、ヨーロッパからバルチック艦隊（別のロシア艦隊）が極東に近づいてきていた。

陸戦において、日本はこれ以上ロシアと戦争を継続する体力はなかった。だから政府と軍は、なんとしてもバルチック艦隊を撃滅し、その戦果をもって講和条約を締結したいと望んだ。万が一、バルチック艦隊がウラジオストック港に入り込むようなことがあってはならない。そうなれば、海上は常時脅かされて日本軍の兵站補給がままならなくなり、満州にいる日本陸軍は自滅してしまうからだ。ウラジオストックに入る前にバルチック艦隊を発見して全滅させること。それが、東郷率いる連合艦隊に課された絶対的な使命であった。しかし、バルチック艦隊がウラジオストックに入るために、朝鮮海峡を通るのか、津軽海峡を通過するのか、あるいは宗谷海峡なのかは、皆目見当がつかなかった。つまりは、三海峡のうちいずれかに賭けるしかなかったのである。

バルチック艦隊撃破で最高の栄誉を獲得

連合艦隊司令長官の平八郎は、秋山真之ら幕僚の意見を参考にしつつも、最終的に朝鮮海峡を通過することに賭けた。その理由は「ロシア軍人は、勇敢で朴訥《ぼくとつ》だからきっと遭遇戦を覚悟のうえで、最短距離の朝鮮海峡をまっすぐ上がってくるだろう」というものだった。そして実際、その予想は的中したのである。

明治三十八（一九〇五）年五月二十六日、バルチック艦隊の輸送船六隻が前日二十五日に上海に入港したという知らせが連合艦隊に伝わった。これによって、平八郎は敵が朝鮮海峡を通過することを確信する。日本近海では数十隻が必死の哨戒《しょうかい》にあたっていたが、二十七日午前二時、五島列島西方を警戒していた仮装巡洋艦信濃丸から「敵の艦隊見ゆ、敵は朝鮮海峡に向かうようだ」との無線が発信された。無線は二年前に実用化されたばかりだったが、軍はそれを量産化して多くの船に積み込んだ。それが功を奏したのだ。

これを聞いた平八郎は「敵艦見ゆとの警報に接し、連合艦隊は直ちに出動、之を撃滅せんとす。本日天気晴朗なれども波高し」と大本営に打電し、ただちに全艦を率いて西下した。

二十七日午後一時半ごろ、沖ノ島西方でバルチック艦隊の姿がとらえられた。このとき、旗艦三笠の主檣《しゅしょう》に四色のZ旗が高々と掲げられた。

「皇国の興廃此の一戦にあり。各員一層奮励努力せよ」

このZ旗は、乗組員全員の心を引き締め、にわかに士気を高めた。

連合艦隊は、正面から全速力でバルチック艦隊に向かっていった。勝敗はわずか三十分で決した。連合艦隊の猛攻に耐えきれず、バルチック艦隊がバラバラになって逃走しはじめたからだ。連合艦隊はこれを追い、次々に戦艦や巡洋艦、駆逐艦を沈めていった。午後七時、戦闘はようやく中止となった。だが、その夜は、駆逐艦二十一隻と水雷艇四十隻を大動員して、徹底的に落ち武者狩りを敢行。さらに翌日早朝から連合艦隊の本隊もバルチック艦隊の残存艦隊を探しては撃沈、あるいは拿捕《だほ》していった。

この結果、ウラジオストック港へ逃げ込んだロシア艦は、四十隻あった艦隊のうち、巡洋艦一隻と駆逐艦二隻のわずか三隻にすぎなかったのである。まさに、この日本海海戦は、連合艦隊の空前の大勝利に終わった。

バルチック艦隊全滅の知らせを聞いたロシア皇帝は、とうとう講和を決意したという。ここにおいて日本は、戦争長期化による敗北という危機を脱したのである。

同年十月、連合艦隊は東京湾に集結し、同月二十二日、平八郎は御所に参内して明治天皇に日本海海戦での戦闘結果を奏上した。

だが、これより前の九月十一日、連合艦隊に大きな悲劇が起こってしまっていた。旗艦であった軍艦三笠が、佐世保港内で沈没したのである。戦いではなく、事故によるものだった。後部の弾薬庫が大爆発をおこしたのだ。その原因はいまだによくわかっていないが、三百三十九人という大きな犠牲が出た。日本海海戦のじつに三倍もの死者であり、こんなかたちで死を迎えた兵士たちはさぞかし無念だったろう。ちなみに三笠はその後、引き上げられ、修理をほどこしたうえで復帰した。

平八郎が参内した翌二十三日には、横浜沖で凱旋観艦式が挙行されたが、このおり明治天皇は巡洋艦浅間に乗って艦船を見物した。平八郎は、天皇のすぐ側に立って各艦の戦歴などを詳しく話した。きっと当人も名誉に思ったことだろう。

十二月十二日、連合艦隊は解散し、翌日には軍艦朝日の艦上で解散式がおこなわれた。平八郎は部下に向かって訓示を与えたが、言葉の最後は「古人曰く、勝って兜の緒を締めよ」と結んだ。こうして司令長官の職を解かれた平八郎は、海軍軍令部長に就任した。明治三十九（一九〇六）年には戦功を称され、功一級金鵄《きんし》勲章と大勲位菊花大綬章を下賜された。さらに翌四十年九月には伯爵を与えられた。

日本海海戦によってバルチック艦隊を撃滅して日本を救った平八郎は、まさに英雄、いや神のごとく国民からあがめられた。それだけではない。ロシアに圧迫されていた東欧諸国、白人に支配されていた弱国にもその名が広まり、道路にトーゴー通りが生まれ、東郷ビールが販売された。

皇太子の教育の責任者を任される

明治四十四（一九一一）年、イギリスのキングジョージ五世の戴冠式に、東伏見宮夫妻が天皇の代理として参加することになった。このおり平八郎は、第三軍の司令官として旅順を陥落させた乃木希典《まれすけ》とともに随行することになった。

平八郎にとっては、留学以来、四十年ぶりのイギリス上陸であった。平八郎はイギリス訪問中、かつて過ごした商船学校を訪問した。といってもウースター号という船内である。すでに校長で恩師のジョージ・ヘンダーソン・スミスは死歿しており、平八郎は最初に師の墓所を詣でた。ウースター号では全校生徒に対して英語による演説をおこなっている。

帰りにはアメリカに立ち寄ったが、平八郎はタフト大統領を訪問、ワシントン初代大統領の墓を詣で、さらにセオドア・ルーズベルト元大統領の屋敷を訪れた。平八郎がルーズベルトに金銀でつくった武者人形をプレゼントしたところ、大いに喜び、かつて明治天皇からもらった太刀を見せてくれた。だが、抜いてみると、刃が曇っている。そこで平八郎は、その場で刀の手入れの仕方をレクチャーしてあげたという。

大正二（一九一三）年四月二十一日、平八郎は元帥となった。六十五歳であったが、これにより、死ぬまで現役となったのである。

翌大正三（一九一四）年、学習院初等科を卒業した皇太子裕仁《ひろひと》親王（のちの昭和天皇）のため、新たに東宮御所の中に特別な学校をつくることになった。それが東宮御学問所である。五名のご学友が選抜され、毎日その六人が学問所においてさまざまな学問を超一流の学者たちから学ぶことになった。そんな学問所の総裁（校長）についたのが平八郎だった。

当初は固辞しようとしたのだが、宮内大臣渡辺千秋に頼まれ、さらに伏見宮貞愛《さだなる》親王から宮中の内意だと伝えられたことで、とうとう引き受けることに決めたのである。

同年四月一日に正式に東宮御学問所総裁に就いたが、そのときの気持ちを平八郎は、「おろかなる心につくす誠をば　みそはなしてよ天つちの神」と詠《うた》った。全身全霊を皇太子の教育に捧げようと誓った平八郎は、以後、大好きだった酒を断ち、狩猟もやめたという。

教育は七年間の長きにわたったが、裕仁親王の年齢が上がると、質実剛健な人物にすべく陸海軍での勤務や演習見学などの回数も増やした。

ところが、である。

大正八（一九一九）年三月、『時事新報』が「皇太子は、人前でほとんど話をしない。それは、東宮御学問所といった小さな社会で生活しているので軟弱となり、尚武の風が欠けてしまったのだ」とする噂を載せたのである。宮内省ではこれを否定したが、この後、成人式の祝賀会で、噂が事実だと判明する。主賓であった皇太子裕仁親王は、座ったきりで何も話さず、元老など多くの人々が祝辞を述べるために話しかけても、それに応答しなかった。これは、さすがに異様な態度であった。

この光景を目の当たりにした直情径行型の枢密院顧問官・三浦梧楼は、大勢の前で東宮御学問所副総裁の浜尾新東宮大夫（皇太子に関するすべてをつかさどる長官）に向かって、「これは箱入り教育の結果である！」と大声で怒鳴りつけたのである。本当は平八郎を叱責したかったのだろうが、同年代で国民的英雄であるから、さすがの三浦も堪《こら》えたのだろう。

政界の最大実力者である山県有朋もこれより前、何を伺っても裕仁親王が返事をせず、質問もしないという石地蔵のような態度を非常に気にしており、三浦の事件があってから、このままではまずいと考え、原敬首相などと相談して大正十年二月に裕仁親王が御学問所を卒業したら、そのまま海外へ留学させることに決めてしまったのである。

全霊を傾けて皇太子の教育にあたってきた平八郎をはじめ学問所の講師陣にして見れば、忸怩《じくじ》たる思いだったろう。

なお、研究者の田中宏巳氏は、皇太子の態度について次のように推測している。

「殿下が無口で人前でしゃべらないのは、自然現象の観察に夢中になる科学者の資質と無関係ではない。しかし七年間にわたり東郷の寡黙を範とし続け、いつの間にか自身の性格の一部になったと考えるのは僭越であろうか。東郷に親しく指導された殿下が、おしゃべりになることはありえなかったというのは論理的でないかもしれないが、必要なことのみを話すようにつとめたことだけはまちがいない」（『東郷平八郎』ちくま新書）

平八郎の寡黙が皇太子に伝染したというのである。

イギリス留学を契機に寡黙な男に変身

じつは若いころの平八郎はおしゃべりで、何度も周囲から注意を受けるほどだった。

明治政府が成立すると平八郎は、「将来、鉄道技師になりたい。そのためにはなんとしてもイギリスに留学するのだ」と思い込むようになり、あるとき政府の実力者である大久保利通のもとに押しかけ、留学させてほしいと頼み込んだ。すると大久保はなんと「おまえは、おしゃべりだから」という理由で、その請願をにべもなくはねつけたのである。

薩摩隼人は多弁を嫌う。大久保も他人の多弁も軽蔑していたこともわかるが、留学をあきらめきれぬ平八郎は、今度は西郷隆盛に泣きついた。哀れに思ったのか、西郷は「海軍軍人を目指すのならば許可してやろう」と言ってくれた。そこで鉄道技師はあきらめ、軍人の道に入ることにしたのだという。つまり、平八郎がもし多弁な男でなかったら、彼の人生、いや日本の歴史は変わっていたかもしれないのだ。

平八郎はイギリスで七年の歳月を過ごすが、この間に彼の性格は一変する。ウソのように寡黙な男になったのである。トラファルガー海戦でイギリス艦隊を見事に勝利に導いたネルソン提督――そんな敬愛する人物が寡黙の人であることを知ったからだと伝えられる。

寡黙さは、日露戦争後も同様だった。平八郎に傾倒し、晩年、その腹心として行動を共にした海軍中将小笠原長生は、イギリスのキングジョージ五世の戴冠式へ向かう平八郎の姿をこう書いている。

「加茂丸の航海中、東郷、乃木両大将が、一綴音以上の語を発したのを、聴いたものは一人もなかつた。二人の無言は、大事業によつて真価を測るべき人士の無言であつた。時たま、両大将を知つてゐる乗客が、天候などについて、話しかけることがあつても、両大将はたゞ頷くか、又は首を振るかするだけで、一言も発しなかつたといふことである。両将軍はいつも離るゝことなく、終日喫煙室にゐて、日本の戦戯であるところの碁を戦つてゐた。両人は、碁盤をはさんで、無言で相対し、何等の語を発することもなく、石子をおろすのであつた。かくして、両大将は、横浜出帆以来、二ヶ月間を囲碁で過した」（『聖将東郷平八郎伝』改造社　一九三一年）

乃木とは乃木希典のことであるが、このように東郷は度を超した寡黙で、それを七年間毎日見ていた皇太子が影響を受けたとする田中宏巳氏の説は十分あり得る。

いずれにせよ、平八郎をはじめとする東宮御学問所の教授陣にとって、「箱入り教育」とは極めて屈辱的な評価であった。

大正九(一九二〇)年六月、裕仁親王の皇太子妃として、久邇宮邦彦《くにのみやくによし》王の長女良子《ながこ》女王が正式に内定した。ところがその後、先にも述べたように、良子女王の母方(島津家)に色覚異常があることが判明した。これは遺伝し、皇太子夫妻に皇子が誕生した場合、将来、天皇になるべき方がそれを受け継ぐ可能性があった。

翌年、この事実を知った山県有朋は仰天し、波多野敬直《はたのよしなお》宮内大臣を詰問。のちに激しい攻撃を加えて波多野を更迭し、元老の西園寺公望《さいおんじきんもち》や松方正義、さらに原敬首相を巻き込んで婚約内定を取り消させようと、久邇宮家へ働きかけたのである。

ところが、久邇宮邦彦王はそれを拒否したのである。こうしたなかで、反対運動を組織し、右翼やマスコミを動員して山県のやり方を激しく攻撃したのが杉浦重剛であった。彼は良子女王の教育にあたるとともに、東宮御学問所の中心的な教授だったので、山県が自分たちの教育方針に難癖つけたことを憎悪していた。

結果、婚約取り消しはないという発表が宮内省や内務省からなされ、山県は身の危険と責任を感じて枢密院議長をはじめ、すべての職を辞することを申し出た。実質的な全面降伏、失脚といえた。この活動で平八郎がどのような行動をとったかは詳《つまび》らかではないが、大いに溜飲を下げたのは間違いないだろう。

この年の二月には、裕仁親王が七年間の教育課程を修了し、東宮御学問所も閉鎖となり、平八郎も大任を終えた。すでに満年齢で七十三歳であった。

八十代で軍縮条約をめぐる抗争の中心に

だがその後も悠々自適の生活を送ることなく、平八郎は軍の政策に関与し続けた。とくに元帥会議には毎回出席し、活発に意見を述べた。こうしたなかで先の小笠原長生などを中核にして、次第に海軍引退将校たちが平八郎のまわりにつどい、東郷派ともいえる海軍派閥を形成するようになった。とくに先任の元帥であった井上良馨《よしか》が昭和四（一九二九）年三月に亡くなると、遠慮せずに過激な発言をするようになる。

ちょうどこの頃、イギリスのロンドンで海軍軍縮条約が議論されていた。イギリスが世界の海軍大国に呼びかけ、ロンドンで補助艦（一万トン以上の主力艦以外の軍艦）の縮小についての会議を開いた。内閣は民政党の浜口雄幸《おさち》内閣であった。このとき平八郎は「大型巡洋艦対米七割を死守せよ」などと発言し、政治に介入するようになったのだ。

昭和五（一九三〇）年四月、日米英三国はロンドン海軍軍縮条約を締結する。日本は総トン数では、ほぼ対米英の七割（六・九七割）を満たしたものの、大型巡洋艦については六割ちょっと（六・二割）で妥協した。巡洋艦とは「戦艦と駆逐艦との中間に位し、速力は戦艦に優り、攻防力・耐波性は駆逐艦を凌駕する」（『広辞苑』岩波書店）艦船で、その大きいものが大型巡洋艦。つまり戦艦に匹敵する船だった。

このため海軍内では不満の声も強かったが、日本側は調印に踏み切ったのである。日本の全権は、元首相の若槻礼次郎と海軍大臣・財部彪《たからべたけし》らだった。

すると海軍内では、軍縮条約の調印の可否をめぐって、二つに分裂して争うようになってしまう。調印に反対な勢力を艦隊派、容認する一派を条約派といった。そんな艦隊派の中心となったのが八十代半ばとなった平八郎だった。

この争いに乗じて「内閣を倒してしまえ」と考えた野党の立憲政友会や閥族の拠点である枢密院は、艦隊派に味方した。さらに、民間の右翼も同調していった。こうして「統帥権干犯《かんぱん》、統帥権干犯」と大合唱して浜口内閣を攻撃しはじめた。

急先鋒は、艦隊派の海軍軍令部の加藤寛治軍令部長だ。戦争での作戦や兵の用い方などについての統帥事務を担当する天皇の直属機関のトップである。

大日本帝国憲法では、天皇が統帥権（陸海軍を指揮する権利）を持っていて、その行使は陸海軍に委任されていた。

そして憲法十一条では天皇が海軍を指揮するとき、海軍軍令部が天皇を補弼《ほひつ》（補佐）することになっていた。しかし、天皇が陸海軍の規模を決定する（この権限を編制権という）ときは、内閣が天皇を補弼して決めることになっていた。

つまり戦争のときには内閣は軍に命令できず、もっぱら海軍軍令部や陸軍参謀本部などが、天皇の承認をうけながら作戦を展開していくのだが、兵力の規模や構成については内閣に実質的な決定権があったのだ。だから、ロンドン海軍軍縮条約の調印は問題ないわけだし、海軍軍令部が口をはさむべきものではない。

ところが複雑なのは、軍令部条例の存在である。その規定の中に「兵量を決定するさいには、海軍軍令部の同意が必要である」と明記されていた。艦隊派や調印反対勢力はこれを楯にとって、「内閣が海軍軍令部の同意を得ないで、勝手に軍縮条約に調印したのは、天皇の統帥権を干犯するものだ」と指摘、浜口内閣を攻撃したのだ。

干犯とは自分の権限を逸脱し、他の領域まで犯すこと。しかも軍令部長の加藤寛治は、昭和天皇に辞表を提出したのである。しかし浜口首相は、こうした攻撃に屈しなかった。米英との協調を最優先に考え、条約派と結んで反対派と徹底的に対決した。彼が強気になれたのは、民政党が同年二月の総選挙で百議席増やす大勝利をつかみ、議会で過半数を制していたからだ。多数派に転じたので野党の立憲政友会を押し切れる状況にあった。それにマスコミや世論も軍縮に賛成し、内閣を支持していた。

この追い風に乗って、浜口内閣は美濃部達吉の天皇機関説などを根拠に、枢密院に対しても枢密院議長と副議長を首にしてやるという脅しをちらつかせ、反対派を押さえ込んだのである。浜口雄幸はその容貌からライオン宰相と呼ばれたが、その名のとおり強引だった。しかし同昭和五年十一月、浜口は東京駅で右翼に狙撃されて重傷を負い、翌年、それがもとで亡くなってしまった。

こうして敗れたかたちになった平八郎だったが、条約に妥協するかわりにその補塡策としての軍備拡張の約束をとりつけた。さらにその後、軍令部長に伏見宮博恭《ひろやす》王を就任させて自派の拡大をはかり、陸軍の皇道派と緊密な連携をとり、日本の軍国主義化を推し進めていった。

最後まで影響力を保持し、死後は神になった

昭和七（一九三二）年には犬養《いぬかい》毅《つよし》首相が五・一五事件で殺害されたが、元老の西園寺公望が平八郎にその後任者を相談しなくてはならぬほどの政治力を持つようになった。このとき平八郎は目の前にいる西園寺本人を推したが、当人は高齢ゆえこれを強く固辞した。すると平八郎は、司法官僚で、自分と同じ国粋主義者の平沼騏一郎を推

薦した。が、平沼内閣の誕生に反対していた西園寺は、平八郎を巧みに誘導し、最終的には穏健派の海軍大将・斎藤実の大命降下に賛成させた。

このように晩年の平八郎は、国民的英雄であったこともあり、海軍のみならず、政治の世界で大きな力をもつようになったのである。しかし、さすがに年齢には勝てず、二年後の昭和九（一九三四）年五月三十日、喉頭がんのために満八十六歳で生涯を閉じた。

亡くなる直前、平八郎は数年前からリウマチのために寝たきりになっている妻・テツと対面した。その時の様子が『主婦之友』で紹介された。

「……奥様の寝台を皆して、元帥様の御病室の次の茶の間敷居のところまで、お運びしました。永年のリユマチスで手も足もきかず、起き上がることさえできない奥様の御胸中、御病床のままお互いにお顔をお見合ひになりながら、一分、二分、三分、その息づまるやうな瞬間、やがて元帥様は『わかつたよ、わかつたよ』と言われるやうに、二三度お頷きになりました。奥様の眼から、涙が幾筋か光つて流れてきました」（『小笠原長生編『聖将東郷全伝　第1巻』聖将東郷全伝刊行会）

平八郎は、家庭では驚くほど平凡な父親であり、子供を厳しく叱ったり手をあげたりすることもなかったという。趣味は刀剣集めと盆栽や庭いじりで、ときおり妻のテツを相手に碁を愉しんでいたと伝えられる。

死の前日、侯爵に叙され、亡くなった日に従一位を授けられた。六月五日に日比谷公園で執行された葬儀は国葬とされた。驚くべきことにその参列者は、百八十四万人にのぼった。遺体は、多磨墓地に葬られた。

こうして生前から神の如き扱いを受けた平八郎は、皇紀二千六百年の昭和十五年、本当に神として祀られることになった。いまも東京の原宿に鎮座する東郷神社がそれである。

渋沢栄一

しぶさわ・えいいち　一八四〇～一九三一

一橋家家臣から大蔵省出仕、実業の道へ

渋沢栄一は、言わずとしれた近代日本における大実業家である。

渋沢氏は、武蔵国血洗島村（現在の埼玉県深谷市）に根付いた一族で、栄一の生家（中ノ家）はその本家筋にあたり、領主から苗字帯刀を許されていた。

天保十一（一八四〇）年に生まれた栄一は、幕末になると尊王攘夷運動にのめり込むが、縁あって一橋慶喜（のちの将軍）の家臣（御用談所下役）に取り立てられた。一橋家では見事な財政救済策を提言したので勘定組頭に抜擢され、慶応三（一八六七）年、慶喜の弟・徳川昭武がパリ万博へ赴く際、会計係として同行。万博終了後、フランスに留学する昭武の後見役として留まり、西欧の進んだ制度を積極的に学んだ。

戊辰戦争により徳川家は静岡七十万石の大名に縮小されたが、栄一は妻子を伴い、旧主慶喜のいる静岡へ移住し、ここに骨を埋めようとした。しかしその後、新政府に請われて大蔵省・民部租税正として明治政府に出仕することになった。

栄一は上司の大隈重信のもとで「改正掛」という政策立案組織を立ち上げ、新暦への転換、鉄道の敷設、富岡製糸場（官営模範工場）の設置、郵便制度の創設、度量衡《どりょうこう》の統一、租税制度の改革、新貨幣制度の設置などを矢継ぎ早に手掛けた。よく知られているように、国立銀行条例を制定したのも栄一で、明治三（一八七〇）年には大蔵権大丞にスピード出世する。

しかし明治六（一八七三）年、軍備拡張を主張する大久保利通と対立して下野。その後、三井組、小野組、島田組とともに第一国立銀行を設立して頭取に就任。さらに王子製紙会社、大阪紡績会社、東京海上保険会社、共同運輸会社、日本鉄道会社、札幌麦酒会社、東洋硝子《ガラス》、帝国ホテル、東京株式取引所など、五百社近い企業の設立や経営に参画した。

ただ、会社をワンマン経営したり、大量の株式を保有したりせず、経営が軌道に乗るとサッと身を引いた。栄一が好んだのは、多くの人が出資してつくる合本会社（株式会社）だった。だが、将来性があり、社会に有益だと思えば、会社の形態にこだわらず、損を覚悟で資金を出した。また、東京商法会議所など経済団体の組織に尽力し、会頭として政府に実業界の要望を伝えた。

社会への還元を心がけ、福祉事業に注力

そんな大実業家である栄一は、六十九歳を機に経営の第一線から身を引き、さらに数え年の七十七歳（大正五年）、つまり喜寿をもって完全に引退し、以後は社会事業や公共事業に専念すると公言した。ここからが栄一の、いわゆる第二の人生といえよう。

後年、栄一は次のように語っている。

「自宅へも皆さんが種々なことを云つて見えますが、それが必ずしも善いことばかりではありません、否《いな》、寄附をしろの、資本を貸せの、学費を貸与してくれのと、随分理不尽なことを言つて来る人もありますが、私は夫等《それら》の人々

に悉《ことごと》く会つてゐます、世の中は広いから随分賢者も居れば偉い人も居る、それを五月蠅《うるさ》い善くない人が来るからと云つて、玉石混淆して一様に断り、門戸を閉鎖して了《しま》うやうでは、単り賢者に対して礼を失するのみならず、社会に対する義務を完全に遂行することが出来ません、だから私は何誰《どなた》に対しても城壁を設けず、充分誠意と礼譲とを以てお目にかかる」（渋沢栄一著『論語と算盤』忠誠堂　昭和二年）

晩年の栄一は、誰とでも会って有為な人々を積極的に支援したのであり、それが富豪としての社会的責任だと考えていた。

「自分の斯《か》く分限者になれたのも、一つは社会の恩だといふことを自覚し、社会の救済だとか、公共事業だとかいふものに対し、常に率先して尽すやうにすれば、社会は倍々健全になる、（略）若し富豪が社会を無視し、社会を離れて富を維持し得るが如く考へ、公共事業社会事業の如きを捨てゝ顧みなかつたならば、茲に富豪と社会民人との衝突が起る、（略）だから富を造るといふ一面には、常に社会的恩誼《おんぎ》あるを思ひ、徳義上の義務として社会に尽すことを忘れてはならぬ」（『前掲書』）

このように「自分は社会から儲けさせてもらっているのだから、それを社会還元すべきだ」というのが栄一の口癖だった。

ただ、栄一が関わった公共事業・社会事業は、引退してはじめたものばかりではない。すでに現役時代からさまざまな活動を展開している。

とくに長い間、関わり続けてきたのが、東京市養育院である。明治三年にロシアの王族が東京に来た際、ホームレスが多いことを指摘されたため、自活できない路上生活者を一箇所に収容したことから養育院がはじまった。明治五（一八七二）年のことである。

この施設は東京府の管轄となり、その運営費は江戸時代の町費の一部（七分積金）が使用されたが、これを管理していたのが栄一だったことから、必然的に関わるようになった。

当時は上野の護持院の建物が養育院となっていたが、栄一はその施設を初めて訪れて非常に驚いた。老人も子供も病人も乱雑に詰め込まれていたからだ。とくに子供に全く元気がなく、笑いも泣きもしない。それが衝撃だった。その多くが捨て子だったが、こうした状況が子供に悪影響を与えているのだと考えた栄一は、彼らを老人や病人とは別にして生活させることにした。しかも単に収容するという考え方を改めさせたのである。

「笑ふのも啼《な》くのも、自分の欲望を父母に訴へて充たし、或《あるい》は満たさんとするの一の楽みがある。然《しか》し棄児即ち養育院の子供には夫等の愉快がない、自由もない。亦毫《ごう》も依頼心がなく常に淋しい面影が存する。故に私は（略）家族的の親しみと楽しみを享《う》けさするのが、最大幸福であると自信し、子供に親爺を与へる工夫をした」（渋沢青淵著『雨夜物語―青淵先生世路日記』択善社　大正二年）

つまり、施設の職員に子供たちの本当の親になってやれと指導したのである。「子供には依頼心を起こさせるのが、却って其発育に効能がある」（『前掲書』）と信じたからだ。これにより、子供たちの表情もみるみる変わっていった。栄一は野に下ったあとも、この施設に関わり続けた。

ところが明治十五（一八八二）年、東京府会が養育院の費用を廃止する動きを見せたのである。「慈善事業は、自然に懶惰《らんだ》民を作る様になるからいけない」（『前掲書』）という理由からだった。勘違いも甚だしい。栄一はこれに強く反対したので、その年は廃止されなかったが、翌十六年になると、廃止が決議されてしまった。

そこで栄一は、東京府知事・芳川顕正《よしかわあきまさ》と相談し、今後も養育院を存続させることに決め、その運営のための基本財産づくりに奔走した。東京府の共有財産であった和泉橋の地所の売却代金、栄一をはじめとする有志の寄付金などをかき集め、明治十七、八年からは一般にも寄付金の募集をおこなった。女性たちにも協力してもらい、どうにか運営のメドが立った。さらに明治十八年から栄一が東京府養育院の院長となり、事務を総轄《そうかつ》することになった。

明治二十二（一八八九）年、養育院の施設は東京市に付属することになったが、栄一は院長として養育院の分院を千葉県安房郡、東京府の巣鴨、井の頭などへ次々と拡大していき、実業界からの引退を決意した翌明治四十三（一九一〇）年の収容人数は一千八百人を超えるまでになった。

栄一は「養育院の事業は一層の拡張を要するのであるから、世の博愛なる仁人君子が、華を去り実に就き勤倹の余力を割いて、救済事業の為めに援助せられんことを期待する」（『前掲書』）と述べているが、多くの会社を経営するなかで、このような社会福祉事業を進めてきたことには、まさに頭が下がる思いだ。

また、栄一は、これからの日本は子供の教育にかかっていると考え、東京高等商業学校、高千穂学校、岩倉鉄道学校の創立・支援など、教育分野で精力的な活動を続けていった。

明治神宮の造営を提案

明治四十五（一九一二）年、明治天皇は持病の糖尿病が悪化して慢性腎炎から尿毒症に陥り、七月二十九日に崩御した。その遺体は、生前の遺言に従って京都の桃山に山陵をつくって葬られた。ただ、皇居のある東京の人びとは、陵墓は東京近郊につくられるものと信じており、御陵建設請願運動もはじまっていただけに大いにがっかりした。

その後まもなくして、明治天皇をお祀りできる神社をつくろうという運動が盛り上がる。その中心になったのが渋沢栄一だった。

天皇崩御の二日後、東京市長の阪谷芳郎《さかたによしろう》、東京商業会議所会頭の中野武営《たけなか》と栄一の三人が集まり、明治天皇の陵墓を東京につくるため陳情をおこなおうと話し合ったのがきっかけだった。

ただ、先述のとおり天皇の遺志で陵墓が京都につくられると知ると、彼らは天皇を祀る神社を創建する運動へと舵《かじ》を切った。

八月九日、栄一らは東京の有力者百人以上に呼びかけて、神社を創建するための有志委員会を立ち上げた。そして八月二十日、「覚書」と題する具体的な神社建設案を全員一致で可決した。

その計画によれば、明治天皇をお祀りする神社は内苑と外苑からなり、内苑の場所は代々木御料地として国費で造営し、それとは別に、外苑は青山練兵場を候補地とするというものだった。外苑には、明治天皇の記念館などを建設することも記されており、このときの青写真がそのまま採用されることになる。

栄一らはこの「覚書」をもとに西園寺公望総理大臣、原敬内務大臣など閣僚だけでなく、大隈重信、山県有朋、桂太郎など政府の実力者たちにも面会を求めて協力をあおいだ。

この動きは新聞で逐一報道され、国民的な関心を誘った。どうやらこれも栄一らの、政府を動かすマスコミ戦略だったらしい。さらに、栄一をリーダーとする有志委員会に属する代議士たちが中心になって、衆議院に明治天皇の神社を建設する請願・建議を提出、万場一致で可決された。同じく貴族院でも可決された。

こうして政府にプレッシャーを与えた結果、ついに大正二（一九一三）年八月、原敬内務大臣は「明治天皇奉祀ノ神宮ニ関スル件」を閣議に提出して十月に決定され、原敬内務大臣を長とする「神社奉祀調査会」がつくられ、当然、その委員として栄一も選ばれた。

そして翌年二月、鎮座の地が栄一らの「覚書」のとおり代々木の地に決まり、大正四年、内務省に明治神宮造営局が設置された。

栄一も造営局の評議員として、その後も明治神宮の造営に関わることになった。社殿の建築を担当したのは、社寺建築の第一人者だった伊東忠太である。伊東は最終的にもっとも日本に普及している素木造《しらきづくり》の銅板葺《ぶき》、その形式は流造《ながれづくり》を採用した。

現在、明治神宮内苑には、社殿を中心に七十二ヘクタールの広大な森林が広がっている。東京ドーム十五個分にあたるこの森林は、驚くべきことに、何もないところに一から人工的につくり上げたものなのだ。

神宮の森は、林学者の本多静六が中心になって「天然更新」をキーワードに、人の手を離れて永遠に繁栄する森をイメージしてつくった。東京の気候に適した常緑広葉樹が植林されていったが、十万本が国民からの献納であった。

社殿と内苑の造営はちょうど大戦景気の最中で、物価が高騰したため、人件費が急増してしまった。そこで献木を募ったり、労働力については青年団に依存したりしたのである。そんな青年団の中心メンバー・田澤義鋪《よしはる》によれば、二百八十近い青年団体から一日に一万五千人が神宮造営に奉仕したという。

いっぽう外苑だが、関東大震災などもあって、大正十三（一九二四）年にようやく完成したのだった。

神宮外苑といえば、銀杏並木で有名だ。並木路は青山通り沿いから真っすぐに軟式野球場の噴水まで延び、球場の先には聖徳記念絵画館がそびえ立つ。現在、外苑の銀杏は百四十六本、樹齢は百年以上を数え、最大樹高二十四メートルに及ぶ。

この街路は、折下吉延《おりしもよしのぶ》博士によるもので、博士の工夫が隠されている。青山通りに近づくほど樹の背が高くなっているのだ。その差は最大七メートル。つまり、樹木を下り勾配に配置するという遠近法を用いて、路に奥行きと広がりを与え、見事な景観をつくりあげていたのだ。

飛鳥山に残る栄一の足跡

さて、外苑の工事が関東大震災で遅れたと述べたが、栄一自身も大きな被害を受けている。

飛鳥山にはかつて栄一の邸宅があった。しかし、建物群はこの関東大震災と、太平洋戦争の空襲でほとんど焼失してしまった。また兜町にあった事務所も震災で全焼してしまった。

そのときの思いを栄一は次のように回想している。

「当時兜町の事務所に居りましたが、地震に慌てゝ飛び出しまして、一先づ第一銀行へ行つて休息しながら、火災のことなどは思ひもせずに、事務所も定めし破損したであらうから明日にも修繕しなければなるまいなどと呑気な考へを有《も》ちながら、翌日の報告に依ると事務所はすつかり灰燼に帰して了《しま》つて、商売上のものではありませんが、大切な書類を全部焼いて了つたと云ふ仕末でありました。（略）さういふ不注意に終りまして誠に御恥かしい次第であります。私は只今大切な書類と申し上げましたが、それは私がずつと以前から、徳川慶喜公の伝記を編纂致さうと思ひ立ちまして、各方面から沢山の資料を集めて居つたのでありますが、それを指すので御座います。（略）

これも実に私の一生涯の大失策であると、今に自責の念を禁じ得ぬのであります」（渋沢栄一著『処世訓言集』東洋生命保険 昭和十年）

栄一が一番残念だったのは、自宅や事務所が全焼したことではなく、旧主慶喜の伝記を書くために集めた資料が燃えてしまったことだった。

じつは栄一は、江戸幕府を閉じた最後の将軍であり、自分の主君だった慶喜の功績を正しく評価してもらうため、明治二十六（一八九三）年にその伝記をつくる決意をした。そして、時間をかけて各地から膨大な資料を集めていた。当初は幕臣だった福地源一郎に執筆を依頼したのだが、多忙な福地はなかなか書くことができず、結局、編纂作業は中断してしまった。

その後しばらく経ってから再び三上参次や萩野由之といった学者が中心となり、ようやく大正七（一九一八）年に『徳川慶喜公伝』全八巻が完成したのである。二十五年という月日が経っていたが、見事な伝記であった。いかに栄一が律儀な人間かがわかる。

伝記に用いた大量の資料はその後、兜町の事務所に保管されていたのだが、いま述べたように、関東大震災により燃えてしまったのである。

飛鳥山の自邸は焼失したと述べたが、賓客をもてなす晩香廬《ばんこうろ》と書庫の青淵文庫《せいえんぶんこ》は焼け残った。晩香廬は大正六（一九一七）年、栄一の喜寿を祝って清水建設が贈った洋風茶室。こぢんまりとした建物だが、淡い黄色の土壁をよく見ると、赤黒い点が無数に浮き出ている。鉄錆である。わざと土に鉄粉や古釘の煮出し汁をまぜ、しばらく経って明るい壁の表面に錆が浮き出るようにしたのだ。中に入ると、内壁はキラキラと光っている。今度は螺鈿《らでん》（貝の内側の真珠質の部分）が練り込まれているという。屋内の柱や梁《はり》には栗の木を用い、大きなテーブルや木製の手あぶりも栗材で統一されている。柱の面取りは槍鉋《やりかんな》を使ってわざと荒削りに波打たせてある。

暖炉上部のレンガは、栄一の喜寿を祝う「壽（寿）」の文字が描かれているが、タイルをよく見ると微妙に色が違う。これは、あえて焼く温度を変えて色調を変化させているのだそうだ。天井にはリスや鳩の絵が浮き出、窓には螺鈿が使用され、家具にハート・マークの意匠を用いるなど、手の込んだ内装が素晴らしい。

青淵文庫は、栄一の傘寿と子爵に叙されたお祝いを兼ね、寄贈された鉄筋コンクリートの建物である。正面の柱は、渋沢家の家紋をモチーフにしたカラフルな装飾タイルが無数に貼り付けられ、えも言われぬ美しさだ。さらに屋内の閲覧室から眺めるステンドグラスも心が洗われる。壁の厚さが八十センチもある防音の整った閲覧室には、当時としては珍しい電熱器がある。

同じ敷地にある渋沢史料館には、栄一の手紙や写真だけでなく、なんと亡くなる四年前に録音したレコードがあり、本人の声を聴くことができる。すでに八十代後半であるが、大きいしっかりした声の持ち主だった。栄一ゆかりの地をめぐることで、改めて彼の偉大さを実感することができる。

日米親善活動を推進

関東大震災後、栄一は大震災善後会副会長、帝都復興審議会委員などをつとめ、東京の復興に全力を尽くした。東京駅近くの常盤橋の裏手には、渋沢栄一像が立っている。これは昭和三十年に再建された銅像で、初代は太平洋戦争で供出されてしまった。関東大震災で被災した常盤橋周辺を栄一が私財で修復したので、その功績を讃えて像が建立されたのである。

晩年の活動として特筆すべきは、アメリカとの民間親善外交を推進したことであろう。栄一は生涯に四度、渡米している。

最初は明治三十五（一九〇二）年。このときセオドア・ルーズベルト大統領と会談した。大統領は日本の軍隊と美術を褒めたが、これに対して栄一は「日本の商工業についても褒めていただけるよう努力します」と粋な返答をしている。

二年後に日露戦争が勃発すると、アメリカ国民は日本を経済的に支援し、ルーズベルト大統領は講和の仲介をとってくれた。というのは、戦後、ロシアが満州の利権を日本に譲った場合、日本はアメリカと満州を共同経営すると約束していたからだ。ところが日本はその約束を破り、単独経営することにしてしまう。

またこの頃、カリフォルニア州などに日本人移民が多数流入していた。日本人は生魚を食するなど白人と生活習慣が大きく異なるうえ、アメリカ社会に交わろうとしない。しかも安い賃金で長時間よく働くので、白人たちは職を奪われるかもしれないと心配し、にわかに排日の機運が高まったのだ。明治三十九（一九〇六）年にサンフランシスコ大地震が起こると、学校が被災して教室が足りないことを理由に、日本人学童は公立学校から締め出され、東洋人学校への転校を余儀なくされた。

こうした状況を危惧した小村寿太郎外務大臣は、密かに栄一に対し、民間の力で日米関係を改善してほしいと依頼した。そこで栄一は明治四十一（一九〇八）年、東京・大阪・京都などの商工会議所の主催というかたちでアメリカの実業家たちを日本に招き、自宅でもてなすなどして親善に努めた。さらに翌年、渡米実業団の団長として五十余名を率いて三カ月にわたってアメリカの六十近い都市を回り、日本を理解してもらおうと努めたのである。

日本軍は日露戦争後、アメリカを仮想敵国と考えるようになっていた。このまま関係が悪化すれば、日米戦争もあり得る。

けれど栄一は、戦争が国の経済を助けるという考え方を明確に否定し、「平和こそが経済を発展させ人びとを幸せにするのだ」という信念を持っていた。そこで日米同志会、日米協会などをつくって民間の立場からアメリカとの関係改善に尽力し続けたのである。

しかし関係悪化に歯止めはかからず、大正十三（一九二四）年、排日移民法がアメリカ議会を通過する。

そんな状況にあった昭和二（一九二七）年、親日家の宣教師シドニー・ギューリックが「親善は気長にやらなくてはいけない。まずは両国の子供たちが相知り親しむことが必要だと思う。そこで日本の子供にアメリカの人形を贈りたいのだが」と栄一に相談を持ちかけてきた。喜んだ栄一は、日本国際児童親善会を創設、日米間で人形の交換による親睦をはかったのである。

残念ながらそれから十数年後、日米両国は全面戦争に突入してしまう。

しかし、栄一の進めた日米親善活動は尊いものであり、その平和希求の精神は現代の私たちも見習うべきだろう。

昭和六（一九三一）年十一月、栄一は満九十一歳で大往生した。まさに彼は偉大な実業家であるとともに、社会福祉や平和維持に尽力した近代日本が誇るべき偉人といえるだろう。

秋山好古

あきやま・よしふる　一八五九～一九三〇

日露戦争で活躍した日本騎兵の父

秋山好古は、日本海海戦の作戦を立案・指揮した秋山真之の実兄である。

伊予松山（現在の愛媛県松山市）出身で明治十（一八七七）年に陸軍士官学校に入るや、騎兵科を選んだ。兵科は歩兵・砲兵・騎兵・工兵の四科で、同期生九十人のうち騎兵を選択したのはわずかに三人。日本の騎兵は未発達で、好古はその先駆けであった。

さらに陸軍大学校で騎兵の研究を深め、本場フランスに留学して騎兵学を学び、帰国後は騎兵第一大隊中隊長に任じられた。その後は士官学校馬術教官や騎兵監副官をつとめた。明治二十七（一八九四）年の日清戦争では騎兵第一大隊（秋山支隊）を率いて活躍、各地に騎兵斥候《せっこう》をばらまいて敵情視察をさせ、その情報をもとに正確な上申書を書き上げ、高官たちを驚嘆させた。蓋平《がいへい》では一千の騎兵で二万の敵を食い止め、騎兵の重要性を知らしめた。

凱旋後、好古は陸軍乗馬学校（のちの騎兵学校）の校長となり、騎兵の育成をになった。乗馬学校の講義では、「騎兵は軍の耳目になれ。地形や敵情を正確に判断して敵の司令官の意図を汲み取り、ときには自分が敵の司令官だと思って作戦を立て、それを具申せよ。日清戦争中、俺は絶えず敵情視察をおこなわせ、詳しい地図をつくり、作戦計画意見書を軍司令官に差し出した。騎兵の報告というのは、戦時には最も必要なものなのだ」と力説した。

あるときは「騎兵の特質は何か」と言ったあと、いきなり力任せに素手で窓ガラスをたたき割って、「これだ」と述べた。拳からは血が滴り落ちた。おそらく、「思わぬところからの奇襲こそが騎兵の特質であり、これによってすさまじい破壊力を発揮できる」ということを言いたかったのだろう。

騎兵教育にあたる一方、好古は騎兵隊に大砲や機関銃の必要を感じ、上層部に執拗に進言。結果、明治三十七（一九〇四）年の日露戦争では機関銃が与えられ、砲兵隊が附属された。

好古は同年五月、騎兵第一旅団（約八千人）を率いて奥保鞏《おくやすたか》大将率いる第二軍の第五師団の隷下《れいか》として遼東半島の張家屯《ちょうかとん》に上陸した。

翌明治三十八（一九〇五）年になると、好古は永沼秀文中佐の意見をいれ、挺進《ていしん》騎馬隊を組織する。挺進隊とは、敵地深くに潜行して情報を収集し、さらに鉄道や道路、橋、建物などを破壊して後方を攪乱《かくらん》する部隊である。

この頃、乃木希典率いる第三軍がようやく旅順を陥落させた。これを知ったロシア軍は、第三軍が合流してくる前に日本軍に打撃をあたえるべく、手薄な日本軍の左翼を十個師団で叩こうと動きはじめた。その左翼を守備していたのが秋山支隊だった。

好古はいち早くその動きをつかみ、敵がくるであろう沈旦堡《ちんたんほう》や黒溝台《こっこうだい》に三十キロにわたって陣地を築いた。同時に総司令部にロシア軍の動きを伝えたが、総司令部の作戦主任参謀・松川敏胤大佐は、まさか厳冬期にロシアが大軍を動かすはずはないと楽観、この報告を黙殺した。

無能な総司令部のために一月二十五日、八千の秋山支隊は十万のロシア軍の襲撃を受けることになった。しかも支隊が崩れたら日本軍全体が崩壊するという、危機的な状況が現出した。好古は後方攪乱部隊を次々に放ってロシア軍を混乱させるとともに、騎兵なのに下馬させ三十キロにわたる各塹壕《ざんごう》を死守するよう部下に命じた。

このおり、さすがの好古も覚悟を決めたらしい。総司令部から参謀の田村守衛《もりえ》中佐が好古のもとを訪れたとき、好古は地図を見ながら水筒の酒をあおっていた。田村が「いかがですか」と戦況を尋ねると「見てのとおり無事だ」と答えた。そこで田村は「これから、どうなされます」と尋ねると「どうしようもないさ」と笑った。実際、八千対十万では、いかんともしようがなかった。ただ、己の最期は己で始末すべく、好古はピストルに弾丸をこめ、自害の用意を整えていたという。結局、ロシア軍は司令官どうしの不和も原因して、撤退命令をだすというミスを犯し、秋山支隊は命拾いしたのである。

三月の奉天会戦では、秋山支隊は乃木希典の第三軍に隷属して戦った。いつものように好古は戦いの最前線に姿をあらわした。あるとき流れ弾が好古の上唇をかすり、鮮血が飛び散った。すぐに手当てがなされたが、それが終わるなり、変色し腫《は》れ上がった唇で、水筒を口につけグビグビと酒を飲んだ。「大将は、ここに健在なり」ということを将士に示し、士気を維持するためのパフォーマンスだった。

いずれにせよ、国民は秋山支隊の活躍に狂喜し、戦後は好古を「日本騎兵の父」

「最後の古武士」と讃えた。

第二の人生で選んだのは教職

明治三十九（一九〇六）年、好古は騎兵監輔補となり、翌明治四十年にはハーグで開かれた第二回万国平和会議の全権団の一人として派遣されたが、うさんくさい会議に飽き飽きし、席上でいつも居眠りをし、時には高いびきをかいていたという。

明治四十二（一九〇九）年には五十歳で陸軍中将に昇任した。大正二（一九一三）年には高田第十三師団長、大正四年には近衛師団長となり、翌年、朝鮮駐剳《ちゅうさつ》軍司令官を拝命、陸軍大将に昇任した。ついに陸軍の最高位にのぼり詰めたのである。大正六年に軍事参議官、そして大正九年に陸軍教育総監に就任、これを二年間つとめあげ、大正十二（一九二三）年に予備役に編入された。つまり定年である。このおり、特旨をもって従二位に叙せられた。六十四歳のときのことであった。

好古は「男児は生涯において一事を成せばよい」というのが口癖だった。日本の騎兵を創り上げたことをもって、その目的は達成されたといえるだろう。

しかし「人は一生働き続けるものだ」というのも好古の信念であった。そして、彼がそのために選んだ第二の人生は、教職だった。

驚くべきことに翌大正十三（一九二四）年、好古は故郷松山の私立北予中学校（現在の愛媛県立松山北高校）の校長に就任したのである。

北予中学校は明治二十六年に城哲三《じょうてつぞう》が開設した私塾がもとになっており、この人の努力によって中学校に昇格、白川福儀《とみよし》が二代目校長となり、当時は元大阪高等商業学校の校長で衆議院議員もつとめた加藤彰廉《あきかど》が三代目校長をつとめていた。ところが大正十二年に私立松山高等商業学校が創設されると、加藤は同校の校長につき、北予中学校を退職することになった。そこで学校理事であった井上要《かなめ》が上京し、好古に校長就任を依頼したのである。

乃木希典も大将から校長になったが、それは皇太子や皇族を教育する学習院の院長であった。

それに対して好古は、故郷の中学校校長だ。「陸軍大将に対し、府県が監督する田舎の中学校の校長になってほしいと頼むのは非礼であろうし、断じて受諾されないだろう」というのが理事会の見立てであった。

が、井上がこのように直接、好古に談判したところ、「俺は中学の事は何も知らんが、外に人がいなければ校長の名前は出してもよい。日本人は少しく地位を得て退職すれば遊んで恩給で食ふことを考へる。それはいかん。俺でも役に立てば何でも奉公するよ」(『秋山好古』秋山好古大将伝記刊行会　昭和十一年)と、あっさりと校長職を引き受けたのである。

井上は大いに喜び、「当分でも校長の名をお貸し下さい。そうして時々学校へ来て生徒と遊んで下さい」(『前掲書』)と感謝したが、なんと好古は単身で伊予松山にやってきて、毎日学校に出勤するようになったのだ。単なる名誉職ではなく、本当に校長職をつとめようとしたのである。

じつは好古は若い頃、学校の教師であった。

好古は八歳のときに松山藩校・明教館に入学したが、維新の混乱期に加え秋山家も家計が苦しかったようで、新しくできた小学校には通わず、十五歳のときに風呂屋の下働きをはじめた。

好古は風呂屋でこき使われながらわずかばかりの銭を稼ぎ、その金で書物を買って勉学にいそしんだ。けれど翌年、秋山家の家督を継ぐ立場になってしまう。東京に上っていた長兄の則久が、心を病んでしまったのである。このため好古は、己の将来について真剣に思いを馳せるようになり、やがて教師という職業につこうと決める。

だが、師範学校は十九歳にならないと入学が許されない決まりであったため、まずは大阪へ出て、簡単な検定試験を受けて助教（補助教員）となり、さらにまもなく、正教員の検定試験に挑戦して、見事これにパスした。天性、頭脳は明晰だったようだ。

こうして好古は、大阪の野田小学校で教鞭をとることになった。月給は九円。当時としては十分暮らしていける額であった。

だが、それからわずか数カ月後、好古は大阪師範学校を受験する。もちろん、まだ受験資格はなかったのだが、入れ知恵を誰かに授けられたのか、二歳も年を誤魔化して試験を受けた。なんともいい加減なものだが、明治初年にはきちんと戸籍の確認もしなかったのだろう。しかも好古は、テストをパスして師範学校への入学を許可されたのである。

さらに、よほど正課の教育を受けた小学校教員が不足していたと見え、二年間で教育課程を修了するところを、これまたどうしたわけか、一年ちょっとで卒業を許され、さっそく愛知県立名古屋師範学校附属小学校に配属されたのだ。

このとき好古は十八歳。満年齢でいえば、現代の高校三年生でしかない。しかも師範学校を出たということで、月俸は三十円。当時の警察官の月給の五、六倍にあたる。わずか三年前に風呂屋のアルバイトで、小遣銭を稼いでいたころとは雲泥の差である。もしこのまま何もなければ、好古は一教師として生涯を終えていただろう。

ところが、小学校の主事をしている同郷の和久正辰と会ったことで、運命は激変する。好古は和久を通し、名古屋鎮台の法務官山本忠彰の知遇を得る。山本も松山の士族で、好古の体格と性格が気に入ったようで、盛んに「軍人になれ、陸軍士官学校を受けよ、俺が世話をする」と陸軍入りを勧めてきたのである。結果的に押し切られるかたちで好古は上京し、陸軍士官学校に入ることになり、軍人の道へ進んでしまった。

こうした経緯から、好古が本当にやりたかったのは軍人ではなく、教師ではなかったのか。そう思えるくらい、校長になってからの好古は熱心に生徒たちの指導にあたった。

出勤時間は沿道の人々の時計代わり

校長をつとめていた六年の間、好古は無遅刻無欠席だった。毎日の出勤時間も始業の二十分前と定まっていたので、好古が通勤する沿道の人々は、好古の姿を見て時計の針を直すほどだったという逸話も残る。軍隊では一分の違いが作戦に大きく影響してくるので、時間厳守の励行は当然のことであったが、田舎の人々にとっては驚きだったであろう。

「勇将のもとに弱卒なし」ではないが、不良少年のたまり場といわれた北予中学校は、好古が着任したことで大きく変貌する。生徒だけでなく教職員も変わった。教員も生徒もみな勉強家となり、欠勤や欠席するものが著しく減った。とくに教員が欠席すると、好古が自ら授業をするので、安易に休めなくなったこともあるようだ。

といっても、通常の軍人のように、好古が高圧的に職員や生徒に接することはなかった。

「将軍は恐ろしい顔をしてゐたが、併《しか》し将軍の怒つた顔を見た者はなかつた。又叱られた生徒も一人もなかつた。毎日々々変りなき慈眼温容で、始終ニコニコと笑みを浮べながら、校の内外を見廻り、時々経歴実話を交へた温い訓話をした」（『前掲書』）

とあるように、北予中学校校長の好古は、いつも楽しそうに生徒たちを見ており、生徒たちもしばしば好古のもとを訪れ、日露戦争の話をせがんだという。

むしろこちらが天職と思えるくらいであった。軍服は一切着なかった。いつも背広姿に鳥打ち帽をかぶって馬で出勤した。校長室は狭くて夏は極めて暑い部屋だったが、好古は一度も暑いと嘆かず、上着を脱ぐこともせず、洋服のボタンも上まできちんと留めていたという。校長室の整理整頓もみずからきちんとやり、ゴミも自分で始末したそうだ。

粗暴な生徒も少なくなく、校舎では破損箇所や壊れた物品がかなりあった。好古は夏休みの間に、それらをすべてキレイに修理し、二学期のはじめに全校生徒を集め「物が壊れては、お互に困るから気をつけいよ」（『前掲書』）とたった一言注意した。以後、校舎の破損はほとんど起こらなくなった。

だが、この大正時代はデモクラシーの風潮が強くなり、大正十五（一九二六）年には近くの松山高等学校で争議が発生した。由比質《ゆいただす》校長が転任し、新校長が着任すると、生徒の自治活動にさまざまな圧力を加えはじめたため、全校生徒たちが「自由自治の校風を守れ」と叫んで一斉に休学して抵抗、これに保護者や松山市民も加わり、校長の辞職を求める騒動に発展した。さらに東京や京都などからも卒業生が応援にやってきた。

閉口した愛媛県知事の香坂昌康は、この調停を好古に依頼したのである。

そこで好古はその役目を引き受け、生徒や保護者の説得にあたった。同時に卒業生たちに会った。このおり「おまえたちは遠方から何をしにきたのだ。この騒動を収めるためにきたのならよいが、応援しにきたのなら帰ってくれ。生徒で学校の校則に背いたものは退学させるだけだ。それを一体どうしようというつもりだ」と尋ねた。卒業生は「校内の自由を求めているのです。学校当局の威圧的態度は許せない。生徒を退学させるというのは反対です」と述べた。

するど好古は平然と「理想を持って戦う者が犠牲を避けるのは卑怯だ」と述べ、「学校の方針は曲げられないだろう。どうしても方針に従えぬのなら、男らしくみんな退学すればよい」と放言した。

これを聞いた卒業生たちは「全校には五百人の学生がおり、何をするかわかりませんが、よいのですか」と脅してきた。

歴戦の好古を威嚇《いかく》するというのは、なかなか良い度胸である。

しかしこれを聞いた好古は、「騒ぐならいくらでも騒げ。俺の学校だけで一千五百人いる。足らないなら警察もあるし、松山連隊もある。それでも足りなければ、在郷軍人が一万ある。この騒動はおまえたちの責任だから、収めて帰れ。それができぬのなら、今すぐ自分の学校へ戻れ」と逆に恐喝したのである。

だが、実際に高等学校の現役生を処分しようという気持ちはなく、むしろ好古は学校当局に対して生徒への穏便な処分を求め、さらに高等学校にも学内の自由を認めさせたのである。

一つの人生を全うした生き方

いずれにせよ、北予中学校の生徒は、好古校長を絶対的に信用するようになった。だが、昭和三（一九二八）年の夏休み、数人の生徒が乱暴を働いて警察の尋問を受けた。これを知った好古はその責任を感じて理事の井上要に宛てて退職届を書いた。じつはこの頃、足の神経痛がひどくなり、歩行に困難を来すようになっていたことが、もう一つの退職理由であった。ところが井上は、理事たちと必死に平身低頭して留任を願い、仕方なく好古は退職届を取り下げた。

しかし翌年正月の新年会などで「自分はもう七十歳なので、校長を辞めたい」と述べたことが新聞に載ってしまう。すると三月の卒業式で井上理事は、演壇から「諸君は秋山校長先生が罷められると云うて、大に心配してゐるそうであるが、校長先生は非常に責任を重んずる人である。先生に代るべき立派な後任のない以上、断じて諸君を見捨てることはない。諸君安心せよ」（『前掲書』）と断言したのである。

これを聞いた好古は「君があんな演説をすると、当分罷められないじゃないか」と笑ったという。だが、足の疼痛がひどく、これ以上の勤務は難しいと判断、昭和五（一九三〇）年四月、ついに六年以上つとめた校長の椅子をおりたのである。

そしてそれからわずか半年後、好古はこの世を去った。

実は足痛は神経痛ではなかった。知らない間に好古は糖尿病にかかっており、その悪化による血管の閉塞からくる痛みであった。東京に戻った好古だが、痛みのために睡眠すらままならなくなり、ついに壊疽《えそ》がはじまった。

左足の先端部が壊疽で腐りはじめたのである。そこで医師は左足の切断をすすめた。好古も「この痛みさえ去れば、足の一本はなくてもいい」と了解、十一月一日に執刀された。麻酔からさめた好古は、「これですっきりした」と笑顔を見せたが、翌日から高熱を発した。傷口が静脈炎を起こし、腹部にも炎症が広がっていた。三日間、好古は現実と夢の間を行き来した。

ときおり口から出る言葉は、「騎兵」「奉天」といった日露戦争に関するものばかりだった。どうやら、夢のなかでロシア軍と戦っているようだった。

現実に戻ったとき、好古は「おれは欲が深すぎたようだ」と漏らした。

手術をして延命しようと決断したのを後悔しているようであった。

もはや死は避けられないと判断した親族は、紅茶にコニャックをまぜて好古に含ませてやった。

危篤に陥ったとき、陸軍士官学校で同期だった本郷房太郎がお見舞いにきて、「俺がわかるか」と尋ねた。すると好古は「本郷か、ちょっと起こしてくれ」と頼んだ。そこで身体を起こしてやると、しばらくして息を引き取ったという。満七十一歳であった。

日本の騎兵を創り上げ、大将にまでのぼり詰めた軍人秋山好古は、無休主義を掲げ、中学校の校長という第二の人生を見事に全うして昇天したのである。

第3章

波乱万丈転変の人生

福地源一郎

ふくち・げんいちろう　一八四一〜一九〇六

人生を切り開いた語学の才能

福地源一郎（桜痴《おうち》）は、高校日本史では必ずといってよいほど学ぶ人である。明治十年代、自由党、立憲改進党、立憲帝政党と呼ばれる初期三政党が成立した。源一郎は、そのうちの立憲帝政党を創建した人物であり、この政党はすべての日本史教科書に掲載され、また党首である源一郎も一社を除いたすべての教科書に記されている。

だが、正直なところ自由党の総理である板垣退助、立憲改進党の総理である大隈重信と並ぶと、知名度は今ひとつである。いずれにせよ、多くの人々が源一郎のことを政治家であると思い込んでいるのではないだろうか――。

源一郎は、天保十二（一八四二）年に長崎で生まれた。武士ではない。父親は町医者である。源一郎は末っ子だったが、上の七人はすべて女であった。幼いときから才覚を見せ、少年時代にオランダ語を学び、その後、江戸に出てオランダ通詞であった森山栄之助の塾で英学を、昌平坂学問所の教授・安積艮斎から儒学を学んだ。

とにかく頭の切れる逸材だったので、森山や勘定奉行の水野忠徳の引き立てにより、源一郎は幕府に仕えることになり、安政六（一八五九）年には正式な幕臣として外国奉行支配同心格についた。語学に堪能だったこともあり、文久元（一八六一）年、横浜鎖港を求める幕府の使節に随行してヨーロッパへ渡った。満二十歳だった。さらに慶応元（一八六五）年、外国奉行・柴田剛中《たけなか》に従って再びヨーロッパへ行った。このとき源一郎は幕命により万国公法を学び、フランス語の習得に努めた。翌年帰国すると、昇進して外国奉行調役格・通弁御用頭取となり、禄《ろく》も一五〇俵三人扶持《ぶち》に増えた。

慶応三（一八六七）年十月、将軍・徳川慶喜は大政奉還したが、十二月に王政復古の大号令が出され、慶喜の辞官納地が決まってしまう。江戸にいた源一郎は、主戦をとなえて大坂へ下り慶喜に戦略を上奏したが用いられず、まもなくして旧幕府軍は鳥羽・伏見の戦いで敗れた。

江戸に戻った源一郎は、徳川家の前途に早々と見切りをつけ、家屋敷を売って下谷池之端の茅町へ引っ越し、なんと、新聞の発行をはじめたのである。

すでに長崎にいるころから新聞に興味を持ち、ヨーロッパでもその効用を知っていたので、半紙を二つ切りにした十数枚の新聞を三、四日ごとに出版しはじめたのだ。それが「江湖新聞」である。

ところが慶応四（一八六八）年五月、旧幕府寄りの記事が多かったこともあってか、新政府に呼び出されて二十日近くも拘束されて尋問を受け、入獄は免れたものの、新聞は発行禁止にされてしまった。まもなく、徳川家は静岡七十万石の大名になったので、いったん静岡へ付いていったが、その後、江戸（東京）へ戻って塾を開き、同時に語学の才能を活かして外国の本を翻訳して生計を立てるようになった。

明治三（一八七〇）年、源一郎は転機を迎える。幕臣時代からの知り合いで大蔵省の役人になっていた渋沢栄一の紹介で、大蔵省少輔《しょう》である伊藤博文と知り合って意気投合し、大蔵省御用掛として新政府に仕えることになったのである。さらに伊藤の先輩である木戸孝允《たかよし》の知遇を得た。源一郎は木戸に心酔するが、明治七（一八七四）年、木戸は政府の台湾出兵に反対して下野してしまう。すでにこれより前、渋沢栄一も野に下っていた。源一郎は政治家になることを夢見ていたが、同じく明治七年、政府を去った。そして、かつての夢であった新聞界へ戻ったのである。

御用新聞、自由民権、御用政党と変転

こうして「東京日日新聞」の主筆となった源一郎の筆鋒は冴え渡り、ぐんぐんと部数を伸ばしていった。

とくに明治十（一八七七）年の西南戦争のときには伊藤博文のつてで現場へ赴き、指揮官の山県有朋の承認を得たうえで現地から詳細なルポを送った。これが大いに評判となり、新聞の部数はうなぎ登りに増え、源一郎もにわかに世間の脚光を浴びた。さらに名誉なことに、四月には明治天皇に対し、戦地の状況を直接言上する機会を得たのである。なお、このころには「東京日日新聞」は実質上、源一郎の経営するところとなっていた。

こうした伊藤博文との関係から、紙上では常に政府寄りの意見を開陳していたが、政府があまり関心を示さなかったこともあり、明治十三年あたりから是々非々の立場

をとるようになる。

明治十四（一八八一）年、開拓使長官の黒田清隆が、同郷の五代友厚の会社に開拓使の官有物を格安で払い下げようとしているという噂が広まった。これを機に源一郎は、猛烈に政府を非難するようになり、それまでとは打って変わって自由民権派に同調していったのである。この言動は当時の人々から喝采《かっさい》を受け、源一郎は一躍時代のヒーローとなった。

ところが、である。政府が官営物の払い下げの中止を発表するや否や、源一郎は一転して政府擁護の立場を表明する。そして再び伊藤博文ら政府高官と親密な関係に戻ったのである。このため「東京日日新聞」も部数を落としていった。

この時期、板垣退助が自由党を創設、明治十四年の政変で政府から駆逐された大隈重信も国会の開設に備えて立憲改進党を立ち上げ、激しく政府の専制を攻撃、自由民権運動は国民的な運動になっていった。

こうしたなか、翌明治十五（一八八二）年三月十八日、源一郎は丸山作楽、水野寅次郎とともに政府の御用政党である立憲帝政党を組織し、党首になった。

源一郎の変節ぶりに世間は呆《あき》れ、記者としての人気は失墜、新聞の売り上げもさらに急落した。翌十六年、政府が官報の発刊に踏み切ったことで、御用新聞的な役割を果たしていた「東京日日新聞」の存在価値は薄れ、さらに読者の減少に拍車がかかった。

そのうえ、政府は政党への弾圧を強め、政党を無視して政治を進めていく方針を明らかにした。立憲帝政党は政府べったりといえども、あくまで政党である。そんなわけで、場合によってはやむなく弾圧しなくてはいけなくなる。つまり、政府にとってはむしろ邪魔な存在になってきたのだ。このため政府は、密かに源一郎に解党を勧めたという。簡単にいえば、使い捨てられたわけである。

雑誌『太陽』や「報知新聞」で記者をし、人物評を多く書いた鳥谷部《とやべ》春汀《しゅんてい》は、福地源一郎について明治三十七年、「才人といへば居士（福地源一郎）を連想せざるものがない位」だとその才能を称えたうえで、次のように評している。

「（その才能ゆえに源一郎は）故木戸（孝允）公には頗《すこぶ》る愛遇せられ、公死後には、伊藤（博文）侯や山県（有朋）侯などの長州政治家に重宝がられたのである。併《しか》し居士（福地源一郎）は意思の力が弱かつたので、唯《た》だ長州政治家の犠牲となつた計りで、別に自己の運命を開拓するが為めに奮闘しなかつた。一言にして評せば、居士は涙脆《もろ》き才人で、其の横縱の才気は、屢々《しばしば》涙の為に溶解

せられて働きを失ったのである」（『春汀全集 第二巻』博文館 明治四十二年）

このように、源一郎の最大の欠陥は、あふれる才能を持ちながら、簡単に情に流されてしまうことだった。しかも果てしなくお人好しなのである。

明治十六（一八八三）年、伊藤たちに利用されたのち、源一郎は立憲帝政党を解党し、明治二十一年、経営不振になった「東京日日新聞」を他人に譲って退社することになった。四十七歳だった。

演劇改良、歌舞伎の革新を目指して活動

それからの源一郎は、それまでとはまったく違った生き方を選んだ。なんと、小説家に転身したのである。ずいぶんと思い切ったものだが、記者出身ですばらしい文章を書けたので、小説を書くのもさして苦にならなかったのだろう。

このとき、借金で生活が苦しくなっていた。だから傑作を仕上げるというより、多作によって生計を維持しようとしており、残念ながら後世に残る名作はない。『もしや草紙』という小説が実質的な処女作であった。この作品は、十五年後の日本を舞台

にした近未来小説で、未来を題材にした風刺小説でもあった。このほか、歴史小説、さらには恋愛小説まで書き散らした。

ただ、才能にあふれる源一郎は、単なる小説家で終わらなかった。演劇改良運動、とくに歌舞伎の革新に乗り出していく。若いころよりヨーロッパで頻繁に劇を見たことで、演劇に興味を持っていた源一郎は、西洋演劇の利点を取り入れて日本の戯曲や劇場を改良することを唱え、みずから戯曲も書きはじめた。

じつは明治維新は、歌舞伎界にも激震を与えていた。明治五（一八七二）年、政府は「今後は、身分の高い人や外国人が見学するようになるので、歌舞伎では淫らな男女の話や作り事は演じてはならぬ。勧善懲悪を旨とした史実を演じろ」と命じたのである。

江戸幕府はむしろ、実在の人物を登場させたり、実際の事件を取り上げたりしてはならぬとしていた。このため赤穂事件を題材にした『忠臣蔵』は南北朝時代に仮託され、「大石内蔵助」は「大星由良助」と名を変えさせられた。新政府は、それと正反対のことを命じたのである。

井上馨など政府高官たちは、歌舞伎をヨーロッパにおけるオペラのごとく改変しようという意図を有していた。このため井上や末松謙澄ら多くの政治家・知識人たちが演劇改良会を創設したのだが、源一郎もこれに名を連ねた。井上馨は、自邸に歌舞伎の舞台までつくり、天皇・皇后両陛下を招いて天覧歌舞伎を挙行した。これによって差別的な立場に置かれていた歌舞伎役者の地位は一気に上昇した。

こうした機運のなか、源一郎はオペラ劇場に引けを取らぬような、歌舞伎公演のための大劇場を設立しようともくろんだ。それが、のちに歌舞伎座となる。

しかし源一郎には金がない。そこで相談したのが千葉勝五郎であった。この男は金貸しで、新富座、市村座などの経営にも関与していた。勝五郎は自分も座主に加えてくれるのならという条件で承諾した。

こうして劇場の建設がはじまっていくが、当初は西洋風建築にしようと考えていたところ、千葉の反対によって和風の建物となり、さらに源一郎が借金のために差し押さえをくらったこともあり、座主は千葉ということになってしまった。座付作者の地位は確保したものの、こけら落としの演目についても客入りを第一に考える千葉の意見を尊重しなくてはならなくなった。

歌舞伎座がつくられると、以後、歌舞伎の舞台はこの大劇場の広さが基本形となる。歌舞伎座の舞台は、それまでの大舞台に比べても七メートル大きい。江戸時代の一般的な舞台に比べると倍はある。そのため昔の狂言をそのまま演じるのは不可能となり、その大空間を生かすため根本的な演出の変更が必要になった。

名優である九代目・市川団十郎は、演劇改良に力を注ぐ源一郎を非常に信用し、その戯曲を積極的に用いて歌舞伎の改良に取り組むようになった。歌舞伎を史実に近づけることが重要だと考えていた源一郎の方針を採用し、団十郎は登場人物を史実に近づけるよう肖像画そっくりの衣装や顔にした。喜怒哀楽を重視し、顔の表情がわかるよう白粉を薄くし、場合によっては化粧なしで舞台に立つこともあった。さらに三味線を弾くのをやめたり、見得を切る回数を減らしたりし、芝居がかった言い回しも廃し、会話風に改変した。

だが、そうした歌舞伎は人びとから支持されず、はなはだ評判が悪かった。歌舞伎の革新を目指したものの、残念ながら庶民には受け入れられなかったのだ。

歌舞伎座の不入りが続いたことで、あの千葉勝五郎でさえ座主から降りてしまった。こうして経営者が変わり、明治二十九年に歌舞伎座株式会社が成立したのである。

この頃になると欧化主義一辺倒の時期は去り、国粋主義的な時代がやってくる。伝統文化が見直されるなか、団十郎の演技も変化する。昔の手法を尊重するようになったのだ。ただ、単なる踏襲ではなく、先人の演目を十分咀嚼《そしゃく》したうえで、取捨選択して演じるようにした。これは、源一郎がそれまでの方針を変えたことも大きかった。

明治三十六（一九〇三）年九月、自分を信頼し続けてくれた団十郎が、腎不全からくる尿毒症のため、六十四歳で亡くなってしまった。彼の最後の舞台は、歌舞伎座だった。しかも、演目は源一郎がつくった『春日局』であり、春日局と家康の二役を見事に演じきったのである。

そんなこともあり、源一郎の悲しみは目も当てられぬほどであったという。それは、源一郎の団十郎に対する弔辞《ちょうじ》からよくわかる。

「かなし団洲の君（団十郎）、君はなどかうにわかに浮世の舞台を去らせ玉ひけるぞ（略）此後余は誰が為にか筆を執らん（略）君に去られ参らせ宛然双の柱を奪はれたる心地して重役の諸氏も途方にくれぬる念を為し悲嘆の程も限り知られずなんある悲しい哉」（榎本虎彦著『桜痴居士と市川団十郎』国光社　明治三十六年）

実際、これ以後、源一郎は歌舞伎に対する興味を失い、戯曲を書くことをやめた。そう、筆を折ったのである。この結末を考えれば、源一郎の演劇改良運動は失敗に終わったといえるだろう。

着道楽に女遊び、異常な金銭感覚

源一郎は歌舞伎の戯曲や小説だけでなく、『久光公記』『幕府衰亡論』『懐往事談』『維新の元勲』『幕末政治家』『高島秋帆』など、歴史書や評伝も多数手がけている。私見であるが、多くの源一郎の仕事のなかで、この分野については秀逸だと思っている。多くの資料を集め、それらをよく吟味《ぎんみ》して執筆するスタイルとその出来映えは見事だといえる。本人もそれがわかっていたようで、私の本領は歴史家であると述べている。

こうしたことから、源一郎は多くの歴史や伝記の執筆依頼を受けたが、とくに渋沢栄一からは徳川慶喜の伝記、大隈重信からは開国五十年史を注文された。そこでたくさんの史料を集めて準備を整えたものの、結局、書きはじめる前に源一郎は亡くなってしまった。

ことに大隈には執筆のために大金を前借りしたのみならず、莫大な借金をしていた。そんなこともあり、死ぬ間際、息子の信世に「私が死んだら、集めた史料を大隈のところへ持参し、当人もしきりに残念がっていましたと謝罪しろ」と遺言している。なお、源一郎没後、大隈は息子の信也に「貸した大金をすべて返さなくてもよい」と伝えた。

ただ、大隈は源一郎の金遣いについて、次のように語っている。

「道楽に掛けては、イヤハヤまるで小供のやうな人で、金さへあれば悉く費つて仕舞ふ、日本橋や神田辺の若い衆が、得意に『江戸児は宵越しの金は使はない』と言ふたが、福地君は真の江戸児以上で、未だ取れるか取れぬか判らぬ内に、其金を抵当に借りて費ふて仕舞ふのだ、江戸児のは取つた金を直ぐに費ふて仕舞ふのであるが、福地君のは取らぬ内に費ふて仕舞ふから、即ち江戸児以上である、ソコで当てが外れて、借金になることが多いけれども、其借金の仕方も甚だ無邪気なもので、取れると思ふたから借りたので、決して人を欺いたのでは無いのである」

「金銭のことに懸けては小児も同様で、譬へば千円の金を借りる人がいて、福地君に印を捺して呉れと頼めば、君はヨシ来たと直く調印する、而して其人が三十円か四十円位を福地君に与へて、遂に其人は逃げて仕舞つて、全部を福地君が負担することになつても、君は平気である、斯の如く福地君は金銭に掛けては無邪気である、若し金を借りることが悪いとすれば、福地君は悪い人である、併しながら、罪のない人である、決して悪い人ではない、随分政府の御用を勤めて、筆を枉《ま》げて金を作つた人もあるが、其人に比ぶれば、実に美しい立派な人である、そこで福地君は何時も貧乏して居つた」（江森泰吉編『大隈伯百話』実業之日本社 明治四十二年）

異常な金銭感覚の持ち主であることがわかる。ただ、それを承知のうえで、大金を貸した大隈重信の度量の大きさにも驚く。

では、いったい源一郎は金を何に使ったのか——。

一つは服である。源一郎の書生をしていた榎本虎彦は「着道楽だ。あれほど美服する人も稀だ」（『桜痴居士と市川団十郎』国光社）と述べている。

それだけではない。圧倒的に浪費したのが、女遊びであった。吉原を中心に遊び歩き、あちこちになじみの芸妓《げいぎ》がいた。「妾《めかけ》」もいた。

ただ、面白いのは下戸であることだ。どんなに勧められても絶対に酒は飲まない。一滴も口にしない。あるときなど、しつこく酒を勧める芸者に対し「飲みたくば余が買た酒だから勝手に飲む、貴さまが買た酒ぢゃァあるまいが」（『前掲書』）と叱りつけ、その店の亭主が平身低頭して謝罪したこともあったという。

こうした下戸はよく知られていたようで、あるとき山県有朋は「福地、卿は常に酒を飲無《のまな》いのを自慢にして居るが夫が為に何か益することが有るかい」と尋ねた。

源一郎が「それはありますよ」と即答した。そこで山県は「何が有る、君は酒を飲無いで女を買ふ、博打をする、人と喧嘩をする。シテ見れば酒を飲む者と些《いささか》も変り無いじゃ無いか」と笑うと、源一郎は「居眠りをしませんね」と平然と答えたという。

当代一の詩人で評論家の大町桂月は、「とても、宗教では、安心は得られざるべし、芸術でも得られざるべし。桜痴が、唯一つ安心立命を得べきものは、察するに、恐らくは、これ、歌舞の生菩薩。色よりは、むしろ女を好み、酒ものまずに、吉原に流連して、美人の顔さへ見れば、胸が、せい〳〵して、それで、煩悶も消え去りて、目出度く往生する人也」（『桂月小集』光盛館　明治三十九年）と述べている。

源一郎をよく知る田村成義は、「御病中、譫言《うわごと》の様にお久ちゃんお久ちゃんといふ」（『演芸逸史無線電話』玄文社　大正七年）のだが、家人はそれが誰か見当もつかなかった。が、どうやら晩年に贔屓《ひいき》にしていた赤坂の江戸屋にいる女だということがわかったと述べている。病気になってからも一日に何度も彼女がこっそり訪ねてきたらしい。

このように、稼いだ金の大半は女性につぎ込まれたようだ。

ともあれ源一郎は、幕臣、新政府の役人、新聞記者、政党の党首、小説家、歌舞伎の座付作者、歴史家であった。とうてい一人の人間がこなせる数の職種ではなかろう。なのに、すべての仕事でそれなりの業績を出している。まさに才人であり、超人的な精力の持ち主といえる。

才能におぼれた、浮き沈みの激しい人生

ところが、それだけで源一郎は終わらなかった。なんと明治三十七（一九〇四）年三月におこなわれた衆議院総選挙に東京市京橋区から立候補したのである。

前年の十二月、衆議院の開院にあたり天皇が勅語を下したが、それに奉答する文章を衆議院議長の河野広中が読み上げた。この文中に桂太郎内閣を弾劾《だんがい》する文言が密かに含まれていたのだ。それに気がつかない議員たちは満場一致で可決してしまうが、すぐに気づいた桂首相が衆議院を解散したのである。

こんなイタズラのごとき手法を一部の議員がとったのは、なかなか日露戦争に踏み切らぬ内閣に不満を持っていたからだといわれる。ただ、すでに閣僚たちの間では戦争は既定の路線であり、選挙の前月に日露戦争がはじまった。

そうしたなかで突如、源一郎は無所属で出馬したのである。奉答文事件に腹を立てたからだというが、なぜ彼がそんな挙に出たのか、その真意は史料や伝記を読んでもよくもわからない。

当時、一般の当落予測ではこんな評価だった。

「中立者として選挙を争ふのは、党派政治の時代には余程割が悪いものぢや。中立者といへば政府の御用議員でもあるやうに見做されて、とんだ迷惑をする事がある、特に解散後の選挙で、政府の反対党は非常に激昂して居るから、桜痴居士はなか〳〵苦戦であらうと考へる。（略）此点は桜痴居士の為に危む所であるが、兎に角東京市の代議士としては立派なものだ、何とか勝たしてやりたい」（『春汀全集第二巻』）

このように、あらかた当選は難しいと考えられていたようだ。

ところが、なんと当選してしまったのである。こうして代議士となった源一郎だったが、持病の糖尿病の悪化もあり、もう活躍できる体力は残っていなかった。その翌年は横臥《おうが》して過ごし、翌明治三十九（一九〇六）年一月四日、満六十四歳の生涯を閉じた。

葬式は芝の増上寺で質素におこなわれたが、二千人近くが詰めかけ、座席はたちまち満席になり、人が外にあふれるほどだった。当日は伊藤博文、井上馨、板垣退助、松方正義、大隈重信、西園寺公望《さいおんじきんもち》といった日本を代表する政治家のほか、渋沢栄一、朝吹英二、益田孝、岩崎久弥、大倉喜八郎といった財界人、市川猿之助、尾上梅幸、片岡市蔵といった歌舞伎役者、藤間勘右衛門、清元延寿太夫、常磐津林中《ときわづりんちゅう》といった芸能関係者、さらに待合や船宿の女将や芸妓が詰めかけた。この一事をもって、多才な福地源一郎の人生が理解できよう。

なお、大町桂月は源一郎の死に際して、彼を次のように評している。

「福地桜痴、精神的に死せしこと久しかりしが、いよいよ本年になりて、肉体的にも、死に果てたり。晩年、脚本をものしたりしが、ろくなものは無し。小説もつくりしが、これも、たいしたものは無し。史論には、見るべきもの有りしやうなるが、その文士としての生命は、当年第一流の新聞記者たりし時にありたるべし。（略）桜痴は、才の人なりとは、万口一斉に言ふ所なるべし。元来、才は、世に必要なものなれど、尊くはあらぬもの也。桜痴は、才の人の中の才子也。才の人は、浮世に衣食するには、調法なれど、づぬけて、えらくはなれず。才の人なる桜痴は、何をさせても、人並よりは、少しよく出来たり。口も、達者也、筆も達者也、本もよめる、字もかける、世才もあり、学才もあり。（略）いろいろの才が、有りすぎて、智無し、あつても、小也。（略）少しばかりの瘠我慢はあれども、骨は無し。情にもろくして、酷薄な事はせず。潔癖にして、人に迷惑かけず。野心あり、名誉心盛なれど、銅臭は帯びず。（略）少し大なる才子也、世に調法なる人也。毒にもならねば、かくべつ、薬にもならず」（『桂月小集』光盛館 明治三十九年）

これだけひどい人物評もないだろう。しかし、言い得て妙でもある。何でもそつなくこなしてしまう才能に恵まれながら、情にもろく、女に弱いため、ついぞ一分野において功績を残すことなく終わったのである。

そんな生涯を、源一郎が三十歳のときに予言した人物がある。大久保利通だ。

源一郎は明治四（一八七二）年に岩倉使節団に参加したが、あるとき用事があって大久保利通のところへ出向いた。退出間際、源一郎は次のように言ったという。

「あなたが私のことを嫌いなのは良く知っています。それは、私が事にあたって即座に自分の意見を述べるからですね。あなたはそれを危険視しているのでしょう。あなたに気に入られるためには、まずお伺いをたて、その下問を待ってから自分の意見を述べるようにすればいい。これを何度か繰り返していれば、かならずあなたは私を信用してくれるでしょう」

するとと大久保は微笑し、「そのとおりだ。君はその秘訣《ひけつ》を知りながら、なぜそうしないのだ」と尋ねた。

そこで福地は「この資質は、私の天与のものなのです。天与の才をごまかし愚を装うのは、クズのすることです」と言い放った。これを聞いた利通は、にわかに真面目な顔つきとなり、「それこそ君が才能におぼれ、愚に落ちている理由だ。下級官僚から栄達するには、上司の信頼を得るのが第一である。条理や正義に背くのならまだしも、君が大志を抱いているのなら、たったいま、才能を誇り智におごるのをやめなさい。つとめて深慮熟考の習慣をつけなさい。そうでなければ、国家の器となることができず、大きな才能を持ちながら、むなしい人生を送ることになるだろう」と、そう懇々《こんこん》と諭《さと》してくれたという。

まさに大久保利通の予言は、見事に的中してしまったわけだ。いずれにせよ、まことに浮き沈みの激しい人生であった。

林忠崇

はやし・ただたか　一八四八〜一九四一

脱藩して新政府軍と戦った藩主

慶応三（一八六七）年六月、上総《かずさ》請西《じょうざい》藩（現在の千葉県木更津市）の藩主・林忠交《ただかた》が三十五歳の若さで死去すると、甥の忠崇が藩主に就任した。まだ十八歳の若さであった。しかしそのわずか四カ月後、大政奉還がおこなわれ江戸幕府が地上から消滅してしまった。翌年一月には鳥羽・伏見の戦いで旧幕府軍は敗れ、新政府軍は慶喜を朝敵として大軍を東へ差し向けた。

慶応四（一八六八）年四月、江戸城は無血開城されたが、旧幕府の撤兵隊三千は江戸から脱し、四月十三日になると木更津にやってきて忠崇に助力を求めた。

これに続いて伊庭八郎と人見勝太郎率いる遊撃隊三十数名が現れた。忠崇は即座に協力することを決め、なんと藩主みずから七十人ほどの家来を引き連れ、遊撃隊と行動をともにすることにしたのだ。

驚くのは、領地をあとにするときの忠崇の行動だ。なんと脱藩届を出しているのである。後年忠崇は、その理由を知人の林勲に次のように語っている。


「請西を出る時は、藩主たる私自身脱藩届けを出したんですわ。これは領民に迷惑をかけまいとの気持だったわけだが、考えてみると『藩公自身の脱藩という例はまずありますまいなあ』と笑われました」（林勲編『上総国請西藩主一文字大名林侯家関係資料集』１９８８）

それからの忠崇は遊撃隊とともに小田原などで戦い、その後も東北各地を転戦し、さらに会津へ赴き、次いで仙台へと達したのである。しかし東北諸藩は、次々と新政府軍に敗れていった。八月二十一日、旧幕府軍はそれでも蝦夷地へ赴いて抵抗を続けようとした。

けれど忠崇は、「徳川氏ノ永ク亡滅ニイタラン事ヲ惕《あやぶ》ミ其寃《えん》ヲ雪《すす》ントノ挙ニ出タリ、然ルニ朝廷寛大ノ御処置ヲ以テ其祀ヲ存セラレ、今更奥羽ノ同盟悉《ことごと》ク降伏シ、輪王寺宮モ亦《また》謝罪シタマフニ猶モ官軍ニ抗シテ罪ヲ重ヌルハ本意ナラネハ速ニ降伏シ甘ンシテ天刑ニ就カント決心セリ」（『一夢林翁手稿戊辰出陣記』）とした。

つまり、そもそも自分は徳川家の存続のために立ち上がったのであり、すでに徳川家は七十万石の大名として存続が決定している。ゆえにその目的は果たした。東北諸藩がみな降伏しているなかで、なおも朝廷の新政府に抵抗する意味はないとして、ここで戦いをやめたのである。

こうして忠崇は、十九名の藩士とともに新政府軍に降伏した。このおり、刀を取り上げられることになったが、「予初メ一統、縲絏《るいせつ》ノ辱《はずかしめ》ハ素《もと》ヨリ覚悟ノ事トイヘトモ、弥、刀ヲ脱スルニ臨ンテ、其心中イハンカタナシ」（『前掲書』）と、武士として刀を奪われることの無念さをにじませている。

その後、津藩士の警護を受け、忠崇はそのまま籠に乗せられて江戸へ護送されたが、このことについても、「其体ハ兼テ覚悟ノ事ナレトモ、恥ヲ忍フノ苦シサハ筆端ニ盡《つく》シカタシ」（『前掲書』）と、その恥辱を書き留めている。

結局、忠崇は死一等を減じられ、親類大名である唐津藩の小笠原家にお預けと決まった。なお、苦楽をともにした藩士たちとは、離ればなれにされることがわかった。彼らは名古屋藩にお預けとなったのである。

この決定は、身を切られるより辛い。ゆえに忠崇は「如何シテモ一両輩随従セン事ヲ欲シ、千住ニ於テ伊藤監察門田九郎へ周旋ヲ乞ヒシカトモ、遂ニ叶ハサル由、君臣ノ生別離、再会ノ期ナケレハ、互ニ衣《ころも》ヲ沾《うるお》シケリ」(『前掲書』)と、その必死の願いにもかかわらず、希望は容《い》れられず、二度と会えないかもしれぬ家臣たちと涙の別れを告げたのである。

林家の家督については、忠崇の弟である忠弘が相続することになった。しかしなんと、与えられた石高は、わずか三百石であった。朝敵に対するむごい処置がよくわかる。

一農民となった旧大名

明治四(一八七一)年三月まで忠崇は小笠原家に幽閉されており、その後は弟の忠弘のもとに預けられた。ようやく自由の身となれたのは、翌明治五年一月のことであった。この間、世の中は大きく変わっていた。すでに前年に廃藩置県がおこなわれており、すべての藩が地上から消滅していた。もちろん上総請西藩もだ。

しかし忠崇は、自分の旧領にもどった。明治五年後半から明治六年にかけてのことである。かつて住んでいた立派な陣屋に戻ったわけではない。陣屋は、すでに焼失してしまっていた。

忠崇がこの地に移り住んだのは、信じがたいことに、貧乏に困り果てた結果だった。藩主は華族となり、政府から家禄が与えられていたが、家督を弟の忠弘に譲ってしまっていたうえ、石高が三百石では弟も忠崇を支援できなかったからだろう。旧領に行けば、さすがにどうにかなる。そんな淡い期待を抱いた帰郷だった。

実際、忠崇は石渡金四郎という者の離れに住まわせてもらった。しかも一農民として土地を耕しはじめたのである。大名が一農民になるなど、まさに前代未聞のことだろう。

だが、忠崇の農民生活は、短期間に終わった。明治六（一八七三）年十二月に東京府の役人に登用されたからである。

下級役人、番頭、寺男など転身をくり返す

当時、東京府の府知事は大久保一翁（忠寛）であった。一翁は、若年寄を務めた旧幕府の高官であった。おそらく、佐幕派であった林忠崇の窮状を見かねて、東京府の役人に採用してやったのだろう。とはいえ、その地位は十等属という下級役人であった。

なんとも哀れな気もするが、忠崇の役人生活は、明治八（一八七五）年に終わりを告げてしまう。東京府の権知事・楠本正隆と意見が衝突したためだといわれる。楠本の出身・肥前大村藩は、戊辰戦争で忠崇の遊撃隊と戦っており、それがために、忠崇は楠本とうまく行かなかったのではないだろうか。

その後の忠崇の行動は、まさに意表をつくものであった。

今度は商人になることを志し、北海道・函館へわたって豪商・仲栄助に番頭として仕えたのである。しかし不運なことに、栄助の商店は、それから数年で破産してしまう。

すると今度は、神奈川県座間市の水上山竜源院という寺に住み込むようになった。

いったいこの寺と忠崇がどのような関係があったかわからないが、稲葉博小田原市文化財保護委員の調査によれば、昭和十三（一九三八）年、まだ存命だった忠崇本人に竜源院の住職がその真偽を問い合わせたところ、「私が林忠崇に間違いない」と述べたそうだ。

また、稲葉氏は「当時の忠崇は植木屋の親方とか、寺男とかの名目で住込んでいながら、別に仕事をするでもなく近所の人々とも殆んど接触せず、身分姓名は一切極秘で彼を招いた山口曹参住職夫人さへ知らなかったという。ただ絵をたしなんで時折近隣の人々に描き与えていた様だが、現在は寺の遺品を除いて全く残っていない」（「かながわの社寺縁起夜話　座間　竜源院物語　最後の大名林忠崇」『かながわ風土記第97号』所収）と述べている。

維新から七十年以上生きた「最後の大名」

奇想天外な後半生だが、忠崇の人生はまだまだ終わらない。

明治十三（一八八〇）年、今度は大阪府に西区書記として奉職することになった。

だが、薄給のうえ仕事が忙しかったようで、かつての家臣の家柄であった広部精に、良い就職口の世話を依頼する手紙を書いている。

窮状を見かねた広部も、精力的に林家の家格再興運動を展開するようになった。もし華族になることができれば、忠崇やその弟・忠弘の貧窮を救うことができる。広部は林家の親戚である小笠原諸家の協力を得ながら運動を展開し、紆余曲折のすえ、明治二十六（一八九三）年、ようやく林家は華族に列せられ、忠崇も翌年、従五位に叙された。このとき忠崇は四十五歳であった。

同年のうちに忠崇は、宮内庁の東宮職庶務課の職員となった。だが、三年後に病気のために退職を余儀なくされ、旧領の請西村で療養生活を送った。

明治三十二（一八九九）年、健康を回復した忠崇は、今度は日光東照宮の神職に任じられた。徳川家のために命を捨てようとした忠崇ゆえ、その仕事は彼にとって満足いくものだったと思われる。

ところが、この仕事も三年で辞めてしまう。「家事ノ為帰郷ス」（『前掲書』）とあるが、作家の中村彰彦氏は「この『家事』とは、妻チヱが病がちになったことを示すのかも知れない。チヱはそれから二年半後の明治三十七年三月二十二日、本郷区湯島五丁目の順天堂病院において死亡した」（『脱藩大名の戊辰戦争』中公新書）と、妻の病状と関係があると推察している。

中村氏によれば「チヱは埼玉県埼玉郡登戸村（越谷市）の平民小島弥作の次女として、安政元年（一八五四）二月二十九日に生まれた」（『前掲書』）というが、どのようにして二人が知り合ったのかは不明だ。明治十八年頃から生活を共にするようになり、二人の間にはミツという女児が生まれている。

『一夢林翁戊辰出陣記』によれば、「大正四年三月、養老ノ為メ岡山県津山ナル末女ノ嫁家妹尾氏方へ寄寓セリ」とある。娘のミツは、妹尾銀行を経営する妹尾順平と結婚した。その婚家に忠崇も同居することになったのだ。だが、六十七歳の忠崇はカクシャクとしており、近所の人々に鎖鎌を教えていたという。なお、妹尾順平は立憲政友会から出馬して代議士になっている。

けれどその後、妹尾銀行は第一合同銀行に吸収されてしまい、昭和五（一九三〇）年になると、順平とミツは離婚した。すでに忠崇は八十二歳になっていたが、再びミツと二人暮らしとなった。ミツはしばらく順平から引き継いだミカド商会を経営していたが、会社をたたんでアパート経営をはじめた。

晩年の忠崇は、大好きな絵と和歌に没頭して悠々自適の生活をおくっていたという。ときおり華族会館に赴いて剣の鍛錬も怠らなかった。忠崇は武士の嗜《たしな》みとして、夜寝るときは決して仰臥《ぎょうが》せず、心臓を突かれぬよう左を下にして横臥《おうが》していた。また寝床には常に十手を忍ばせていたとされる。おそらく箱根での戦争や東北戦争での癖が生涯にわたって抜けなかったのだろう。

昭和十六（一九四一）年一月、忠崇はいよいよ最期のときを迎えた。数日前から風邪を引いて寝込んだかと思うと、そのまま眠るように逝《い》ってしまったのである。享年満九十二歳だった。

この林忠崇こそが、「最後の大名」であった。

遺体は芝愛宕下の萬年山青松寺に葬られた。戊辰戦争から七十年以上の月日が経っていた。

新選組隊士
永倉新八《ながくらしんぱち》、斎藤一《さいとうはじめ》ら

永倉新八

斎藤一

脱走に成功した男たち

新選組は、京都の志士たちを震え上がらせた幕府方の治安組織である。そんな新選組隊士の生き残りたちが、明治をどのように生きたのかをまとめて紹介したい。

結成初期、近藤勇・土方歳三一派に抹殺されたのが局長・芹沢鴨一派である。このとき**平間重助**は、芹沢や平山五郎とともに寝室で襲撃を受けたが、殺されたふりをして息をこらして刺客が去るのを待ち、誰もいなくなったのち、「賊はどこだ」と大声で周りを歩き回った。

だが、自分たちを襲撃したのが土方や沖田総司ら同志だと気が付いたのか、身の危険を感じて新選組隊士たちが駆けつける頃には姿を消したという。その後平間は、東北地方まで潜行して熊の肝売りとなり、さらに諏訪部重助と変名して岩手県の農蚕《のうさん》巡回教師となって余生を送った。

新選組の隊規は厳しく、脱走は死罪である。このため逃げようとして多くの隊士が殺害されたが、なかには脱走を容認されたり、平間重助のようにうまく逃げおおせたりしたケースもあった。

馬越三郎は、阿波徳島の浪士で十六歳の少年だった。笑うと両頬に小さなえくぼが出、表情はまるで若い女性のようで、紫色の着物に絹の袴《はかま》を付けていた。このため、馬越にほれた副長助勤の武田観柳斎がしつこく追い回した。馬越はたまりかねて副長の土方歳三に訴えたが、相談を受けた土方も閉口するしかなかった。

そんな馬越が、あるとき薩摩藩邸から出てくる武田の姿を見つけてしまう。薩摩藩に隊中の情報を流していたのだ。これを知った馬越は、局長の近藤勇に密告。激怒した近藤は、斎藤一に武田を暗殺させた。ホッとした馬越だが、隊士らは仲間を売った密告者という目で馬越を見るようになった。これでは隊の結束が乱れると思った土方は馬越を説得し、金を渡して脱退させたのである。ちなみに馬越はその後、硝子《ガラス》商人になったという。

三浦啓之助も脱走を黙認された一人だ。元治元（一八六四）年七月に十七歳で新選組に入隊した。父親は有名な佐久間象山だ。象山は志士に暗殺され、息子の**佐久間恪二郎**は仇討《あだう》ちのために名を三浦啓之助と改め、新選組隊士となったのである。三浦を入隊させたのは、象山の弟子で会津藩士の山本覚馬だった。三浦は幕府の軍艦奉行・勝海舟の甥でもあり、毛並みの良いこの青年を近藤勇も土方歳三も丁重に扱った。

そのため三浦の態度は大きくなり、周囲の顰蹙《ひんしゅく》を買うようになった。自分を馬鹿にした隊士を背後から斬りつけたり、町人と喧嘩をしたり、そしてついに罪も無い女性を試し切りにしたのである。これで隊に居づらくなったのか、まもなくして脱走した。脱走者の詮索に厳しい新選組だが、三浦の行方は追わなかった。近藤も土方も、やっかい払いができてホッとしたのだろう。

それからの三浦の人生は数奇である。戊辰戦争では佐久間恪二郎の旧名に復し、新政府軍（薩摩軍）に属して戦い、戦後は西郷隆盛の口利きによって帰藩が認められ、明治三年二月に、家名再興が許された。翌年、佐久間は勝のコネで慶応義塾に入学す

る。奇遇だが、象山を暗殺した犯人の一人・安藤源五郎もこの時期、慶応に通ってい
た。安藤は、同室の城泉太郎に犯行を詳しく語っており、警戒もせず級友に漏らすほ
どだから佐久間が知ったとて不思議はない。が、二人がもめたという記録はない。
明治六（一八七三）年、佐久間は司法省に入り、同八年に松山裁判所の判事に昇進
して現地へ赴任する。だが明治十（一八七七）年二月二十六日、死去してしまうので
ある。死因は、鰻の蒲焼きによる食中毒だった。まだ二十九歳だった。
佐久間は宮仕えしてからも鬱々とした毎日を送っていたようだ。いつも瓢箪《ひょうたん》に酒を
満たし、千鳥足で歩いていたという。日本橋で車夫とトラブルを起こし、駆けつけた
警察官を殴りつけて罰金刑を科せられたこともあった。偉大な亡父、偉大な伯父、そ
して偉大な父の門弟に囲まれ、その威圧感に萎縮《いしゅく》していく自分を、一時的に解放する
ための酒だったのではないだろうか。そういった意味では、まことに可哀想な人であ
ったような気がする。
脱走隊士のなかには、意外な人物も含まれている。新選組のリーダー近藤勇の息
子・**近藤周平**である。実子ではなく養子であった。近藤には娘しかいなかったが、ま
だ三十代前半ゆえ、急いで後継ぎを決める必要もなかったように思うのだが、近藤が
養父・周助にあてた書簡に「先日、板倉周防守殿家来より養子貰い申し候。当節柄、

死生もはかり難く存じ奉り候あいだ、右等の心構え致し候」とあるように、白刃の下に命をさらしていたため、いつ戦死しても心配のないよう、早めに後継者を選定した。

周平は、備中松山藩（板倉家）の家臣で谷姓を称しており、三十郎と万太郎の二兄とともに文久三（一八六三）年末に入隊した古参の隊士である。一説には、長兄・三十郎が原田左之助の槍の師匠だった関係で入隊したようだ。次兄の万太郎は大坂で剣術道場を経営しており、入隊後も大坂にとどまって道場主を続けつつ不逞《ふてい》浪士の探索にあたった。

長兄の三十郎は池田屋事件のとき、近藤と行動をともにして奮戦し、幕府から報奨金を賜っている。周平は池田屋事件の直前に近藤の養子になったといわれ、事件の際は十七歳ながら近藤に従って邸内へ乗り込み、初陣を果たしている。槍を折られる奮闘をして、やはり幕府から報奨金が出ている。

谷家は、備中松山藩主板倉家の旗奉行をつとめ百二十石を賜っていたというから、もともと正規の武士であり、新選組のなかでも筋目がいい。なおかつ周平は藩主の御《ご》落胤《らくいん》と噂され、容姿端麗で気品がただよっていた。そんなところが近藤の養子になれた理由のようだが、慶応三（一八六七）年六月の新選組隊士名簿には**谷周平**とあり、養子縁組は解消されてしまったようだ。理由は、周平が女たらしで無能なうえ、兄の三十郎も弟が近藤勇の養子に入ったので驕慢《きょうまん》になったからだとする。ちなみに三十郎は、慶応二年四月に祇園で頓死《とんし》している。近藤の命により斎藤一に抹殺されたともいわれている。

周平は鳥羽・伏見の戦いの際に脱走したらしい。明治十三（一八八〇）年、周平は神戸の裁縫師で十一歳年上の播田ツルの婿となっているが、このとき、政栄という四歳の娘を連れて播田家に入ったという。明治二十年には離婚し、山陽鉄道の職員となり、明治三十四（一九〇一）年十二月二日に五十三歳で歿した。

貴重な語り部となった永倉新八

鳥羽・伏見の戦いで旧幕府軍が敗れると、新選組は江戸へ戻って名を甲陽鎮撫隊《こうようちんぶたい》と改め、新政府軍の手から甲府城を守るべく現地へ向かうが、すでに新政府軍に占拠されており、戦いに敗れて四散し、勝手に江戸へ戻ってきてしまっていた。三月十日前後には近藤と土方も江戸に帰ってきたようだ。幹部の**永倉新八**と**原田左之助**は、近藤と土方の居場所を突きとめるや、幕府の医学所で話し合いをもった。

このとき永倉と原田は近藤に対し、「会津へ下って旧主のために戦おう」と強く迫った。これに対して近藤はきっぱり拒絶した。近藤は、再び戦力を結集して甲府へ向かおうと考えていたのである。こうして今後の方針をめぐって両者は激論に至り、ついに近藤は、永倉らに対して「我が家来に相成るなら同志（同行）いたすべく、左様なければぜひなく断り申す」（永倉新八著『浪士文久報国記事』新人物文庫）と放言したのである。すると永倉らは「これまでながなが世話になった」と立腹して立ち上がった。この会談のことを永倉は「新選組瓦解と相成る」と記述した。

永倉と原田にはどのような縁があったのか、旧幕臣で深川冬木町に住む芳賀宜道《はがぎどう》という人物とともに、靖共隊と称する軍隊を組織して、その局中取締になった。筆頭者には芳賀を奉じ、永倉と原田は副長格に就任したといわれる。靖共隊は、総勢で約百名の集団であり、江戸城が無血で開城されることが決定し、前将軍・徳川慶喜が静岡へと去ったあと、旧幕府の歩兵頭取米田桂治郎に属して江戸を離れ、行徳宿から水戸街道を通って北関東へ向かっている。

それからの靖共隊は小山宿で合戦をおこない、さらに宇都宮攻城戦、壬生城攻めなどに参加、日光をへて会津領へ入っている。理由は定かではないが、会津において芳賀が人望を失ったため、代わって永倉が隊のリーダーとなっている。

会津戦争が佳境にはいると、永倉は米沢藩士・雲井竜雄のすすめで米沢藩に援軍を求めに出向いた。このとき再会した**近藤芳助**も同行した。芳助は池田屋事件のあと、関東での隊士募集に応じて入隊した若者で、伍長《ごちょう》をつとめた人物である。会津藩境の母成峠での激戦で新選組とはぐれてしまっていたのだ。

だが、米沢藩では新政府への恭順派が力を持ちはじめたので、その目的を達することができず、そのまま米沢で潜伏生活を余儀なくされた。そこで永倉は芳賀と江戸へ戻る決意をする。

一方、芳助は榎本武揚の率いる旧幕府艦隊のいる仙台へ向かおうとするが、米沢を出ようとしたところで新政府軍に捕縛された。その後、厳しい尋問を受けたが幕臣だと言い張り、その正体を隠し通した。明治三（一八七〇）年に自由の身となり、その後は**川村三郎**と改名し、横浜などで代言士（弁護士）として活躍、さらに神奈川県の県議会議員など政治家として活躍し、八十歳で大正十一（一九二二）年に死没した。

さて永倉だが、その後、芳賀とともにどうにか米沢から江戸へ戻ったが、新選組隊士であることが露見するのを恐れ、町人姿に変じてしばらく潜伏生活を送った。ただ、そんな生活にも限界がある。そこで永倉は、自身の出身である松前藩の家老・下国東七郎を通じて藩主の松前兼広（修広）に帰参を願い出たのである。願いは許され、百五十石を与えられ、藩士に復帰することができたのである。明治二（一八六九）年二月のことだ。

ところが不運なことに、両国橋のたもとで鈴木三樹三郎にばったり出会い、気づかれてしまうのである。三樹三郎は、新選組参謀の伊東甲子太郎《かしたろう》の実弟であった。甲子太郎は近藤らと袂《たもと》を分かって御陵衛士を組織したが、これを怨《うら》んだ近藤らに呼び出されて暗殺されていた。だから近藤と行動をともにしていた永倉は、三樹三郎にとっては兄や同志の敵だった。このため以後、永倉は三樹三郎らに付け狙われるようになった。

閉口した永倉が家老の下国に相談したところ、しばらく下国は自宅にかくまってくれ、その後、国元松前の福山城下に住む藩医・杉村松柏を紹介してもらった。

こうして明治三（一八七〇）年三月、蝦夷地（北海道）に戻った永倉は、松柏の娘きねと結婚してその婿となり、明治八年、正式に杉村家の家督を継ぎ、名を**杉村義衛《よしえ》**と改めた。夫婦の間には、義太郎とゆき子の二子が生まれた。

明治十五（一八八二）年には、その腕を見込まれて北海道の樺戸《かばと》監獄の剣術師範となり、明治十九年まで師範職をつとめた。その後は、再び東京へ出てきて牛込で剣術道場を開設した。だが老年に達したこともあり、道場を閉鎖し、明治三十二年、家族が暮らす北海道の小樽に行き、そのまま余生を過ごすことになった。

明治三十三（一九〇〇）年、新選組の同志で、維新後は西本願寺で警備員をしていた島田魁《かい》が死去したので、その葬儀に出向いた。このとき、かつて島原の芸妓《げいぎ》である小常に産ませた娘の磯子と再会している。彼女は、尾上小亀という女優になっていたという。

晩年の永倉は、新選組の歴史的足跡について非常に多く文章に残し、生あるかぎり、その功績をたたえ続けた。いま私たちが、新選組についてその動向を詳しく知ることができるのは、永倉がいてくれたお陰ともいえる。そういった意味では、永倉は新選組の語り部であった。大正四（一九一五）年、永倉は七十五歳の生涯を閉じた。

西南戦争で警察官として戦った斎藤一

一方、**原田左之助**は、靖共隊に参加したものの、すぐに永倉らと決別して、途中で江戸に引き返してしまっている。京都に置いてきた妻子がにわかに恋しくなったのだ、と永倉は回想するが、それはとても信じられない。なぜなら、彼は京都へは向かわず江戸に留まり、上野彰義隊に加わっているからである。

彰義隊というのは、上野寛永寺に蟄居《ちっきょ》する前将軍・慶喜を警護するために組織された隊で、幕臣だけでなく、佐幕派の町人や浪士なども多く含み、次第に膨張して最大三千人まで膨れあがった。四月十日に江戸城が新政府軍に接収され、もはや前将軍・慶喜も江戸の地を離れていたにもかかわらず、離散せずに上野の森にとどまり続けた。

そこで新政府軍は、同勢力を壊滅させる方針をとり、慶応四（一八六八）年五月十五日、上野の彰義隊に総攻撃をおこなった。同隊はわずか一日で瓦解したが、この上野戦争に原田も参加しており、腹部に銃弾をうけて死去した。享年二十九歳であった。こうした原田の行動を見れば、妻子が恋しくてという離脱ではなく、あくまで江戸に残って戦おうとしたのは一目瞭然《いちもくりようぜん》であろう。

さて、永倉らと決裂した近藤勇だが、見事に新選組を再興し下総流山で軍事訓練をおこなっていた。しかし新政府軍に見とがめられ、近藤は責任者として板橋に連行され、その正体がばれて処刑された。この間、土方が新選組を逃がし、その後自ら同隊を率いて北関東、東北へと転戦した。このときともに戦ったのが、**斎藤一**であった。

斎藤一（山口次郎）は幕臣・山口裕助の次男として生まれ、近藤勇の試衛館に出入りするようになるが、関口某という旗本を殺害して江戸を離れた。近藤と土方が新選組を旗揚げするとこれに参加、副長助勤、三番組隊長となった。

剣の達人で撃剣師範を務め、多数の敵を斬り、仲間を粛清した。伊東甲子太郎が分派するさい、間者《かんじゃ》となって御陵衛士に紛れ込み、近藤勇暗殺計画を知らせ、この結果、油小路の血闘となった。会津戦争では、土方歳三に代わり、一時新選組隊長となっている。仙台へ赴いた土方のあとを追わず、少数の同志と最後まで会津で戦った。

斎藤は戦後、越後高田藩にお預けとなったが、一瀬伝八と名を変え会津藩士を称している。その後、**藤田五郎**を名乗り、会津藩士の高木小十郎の娘・時尾と結婚した。二人の間には明治九年に長男の勉が、その三年後に次男の剛が誕生している。

明治十（一八七七）年、斎藤は警察官（警部補）として九州へ赴き西南戦争で戦っている。いつ警察官になったのかは不明だが、このとき半隊長として見事な活躍を見せたことが記録に残る。

明治二十一（一八八八）年に警部に昇任したものの、同二十四年に警視庁を退職した。このとき四十七歳だったが、すぐに東京高等師範学校の附属である東京教育博物館の守衛となっている。

明治三十二（一八九九）年に退職した斎藤は、今度は東京女子高等師範学校（現在のお茶の水女子大学）の庶務掛兼会計掛に就職した。子孫の藤田進氏によれば、女子生徒の多くはお抱えの人力車で登校するので、その交通整理も積極的におこなったという。

大正四（一九一五）年九月、斎藤は東京市本郷区で死去した。七十一歳だった。

最後の隊士たちの「その後」

土方は東北戦争を戦い抜いたのち、榎本武揚の旧幕府艦隊と合流して蝦夷地へ向かい、一軍を率いて新政府軍や新政府方の松前藩と戦い、五稜郭政府を誕生させた。土方はその閣僚として、また、軍事指揮官として活躍したが、明治二（一八六九）年五月、新政府軍が箱館を総攻撃したときに戦死した。

このとき新選組は主に弁天台場で戦っていたが、敗北により武装解除された。その中にいた隊士のその後についても紹介しよう。

横倉甚五郎は武州多摩の出身で、元治元（一八六四）年に入隊し、近藤勇の側近となった。絵画に秀で近藤や土方の絵姿や新選組名簿を残している。だが戦後は伊東甲子太郎の暗殺を厳しく問われ獄死した。

中島登は箱館戦争後も生き残り、静岡県浜松に住んで明治二十（一八八七）年に亡くなったが、貴重な新選組絵姿集と中島登覚書を残した。

相馬主計《かずえ》は古参の隊士で、土方が戦死したのち新選組の隊長となった。武装解除され伊豆七島の新島に流されたが、明治五（一八七二）年に赦免された。しかし、東京に戻ってまもなく切腹して果てた。

安富才輔《さいすけ》は、陸軍奉行並となった土方の添役として奮戦したが、戦後に釈放された際、御陵衛士の生き残り阿部十郎らに斬殺された。

田村銀之助は、十二歳で入隊した最年少の新選組隊士だった。箱館にいるとき、その勇猛さを気に入られ陸軍隊隊長・春日左衛門の養子となった。五稜郭陥落後は、年少だったので無罪放免となった。いったん陸軍に入ったが、その後は職業を転々とし、大正十三（一九二四）年に没した。

市村鉄之助は、慶応三（一八六七）年の暮れに入隊した、十六歳の新選組隊士である。土方の小姓として箱館まで行ったが、土方の命令により五稜郭が陥落する直前、箱館を脱した。鉄之助はその命令を拒もうとしたが、土方はこれを許さなかった。もしかしたら、命を救ってやりたいと思ったのかもしれない。年少ながら土方の従者として、戊辰戦争の硝煙をくぐり抜けてきた強者だった。

土方の死んだ日から二カ月後の明治二（一八六九）年七月初旬、武州日野宿の佐藤彦五郎邸に少年が現れた。市村鉄之助である。佐藤彦五郎は土方の義兄で、佐藤邸はよく入り浸っていた家でもあった。

新政府軍の箱館攻撃がはじまる直前の五月五日、土方はこの鉄之助に自分の遺品をもたせ、日野の佐藤邸へ行けと命じたのだ。土方に押し切られた鉄之助は、五稜郭を脱して箱館湾へ行き、外国船に同乗させてもらって本州へ逃れた。そこから物乞いに変じて二カ月近くをかけて、土方との約束を果たすため潜行し、ようやくのこと、日野の地を踏んだのだった。こうして鉄之助は武州日野へ行き、土方の実家に遺品を届けた。その後二年間、佐藤彦五郎に匿《かくま》われていたが、やがて西南戦争に参加して戦死した。

このように、生き残った新選組隊士たちは、ひっそりと、そして懸命に明治の世を生きたのである。

※本書は２０１８年にＷＡＶＥ出版から発行された単行本を文庫化したものです。

◉河合 敦（かわい・あつし）
歴史作家、多摩大学客員教授、早稲田大学非常勤講師。
1965年、東京都生まれ。青山学院大学文学部史学科卒業。早稲田大学大学院博士課程単位取得満期退学。歴史書籍の執筆、監修のほか、講演やテレビ出演も精力的にこなす。『教科書に載せたい日本史、載らない日本史』『日本史の裏側』『殿様は「明治」をどう生きたのか』シリーズ（小社刊）、『江戸500藩全解剖 関ヶ原の戦いから徳川幕府、そして廃藩置県まで』（朝日新書）、『徳川家康と9つの危機』（PHP新書）など著書多数。初の小説『窮鼠の一矢』（新泉社）を2017年に上梓。

幕末・明治 偉人たちの「定年後」

発行日　2023年7月10日　初版第1刷発行

著　者　河合 敦

発行者　小池英彦
発行所　株式会社 扶桑社
〒105-8070
東京都港区芝浦1-1-1　浜松町ビルディング
電話　03-6368-8870(編集)
　　　03-6368-8891(郵便室)
www.fusosha.co.jp

印刷・製本　中央精版印刷株式会社

ISBN 978-4-594-09526-0